お金の教養

みんなが知らないお金の「仕組み」

泉 正人

大和書房

どうしたら お金に苦労しない 人生が送れるのか

The way of thinking
about the money

□何に使ったかよく覚えていないのに、月末になるとお金が足りなくなる
□収入が増えても、ちっともお金が貯まらない
□マイホームは買うべきか、借りるべきか、の答えが出ない
□老後の生活に漠然とした不安を抱いている
□資産運用に興味はあるが、リスクが怖くてできない

あなたは、いつもこのようなお金の悩みをもっていませんか？

実は、今から10年以上前のこと。
私もこれらの壁にぶつかっていました。社会に出て6年経った頃です。
働き始めた頃の年収は２００万円強で、

「この年収では貯蓄もできないのは当然だ。

もっと収入が増えればたくさん貯蓄もできて、毎日が楽しいのに……」

と、いつもいつも思っていました。

その後転職によって年収が約2倍の400万円となり、それは当時の私にとっては驚くほどの収入で、

「これからは、毎日おいしいものを食べて、良い家に住んで、海外旅行も楽しんで、そして貯蓄もできる！」

とワクワクする毎日でした。


夢にまで見たその生活で1年経った頃、私の家計は大きく変化していました。

年収200万円だった頃には、貯蓄こそできませんでしたが、収入を家賃や食費などにしっかり分けて管理し、欲しい物は我慢する、という質素な生活をしていました。

ところが年収が上がった途端に、収入に合わせて高い家賃のところに引っ越し、外食も増えて食費も上がり、身の丈以上の車のローンを抱え、1年後には、毎月の収入

以上にお金を使ってしまう自分に変わってしまっていたのです。

「今月もお金が足りない……」

そんな月末が３ヵ月も続き、ついに親からお金を借りてしまいました。社会人にもなって親からお金を借りないと生活できないほど、私の家計は火の車だったのです。
数ヵ月後、ついにあきれた親からの仕送りが止まりました。
月末になると車のローンを払うお金がなくなり、毎日毎日、震えるような恐怖心におそわれるようになりました。

そこで、ようやく目が覚めたのです。

社会人にもなって、お金の管理もできていない。
こんなことでは、仕事にも集中できないし、貯蓄もできなければ将来家庭を持つこともできない。そして老後の不安が大きすぎる。

なんとか、**お金の生活習慣病**から抜け出したい！　と心の底から思ったのです。

その後、本や仕事を通じて、お金について正しく学ぶ機会を得た私は、お金についての正しい知識、つまり**「お金の教養」**というものがあることを知ったのです。

ただ、私は家庭や学校でお金のことを教わることはありませんでした。

両親からは「お金は貯金しなさい」と言われただけで、**どうやってお金を使うのか、貯めたお金はどのように管理するのか、お金そのものの価値はなんなのか、**など誰からも教わっていないことに今さらながら気づいたのです。

お金に対して正しく向き合い、安定した仕事に就《つ》き収入を稼ぎ、そのお金を正しく扱い、お金にも働かせることができる――こういうことができる人、それが「お金の教養」のある人です。

これからの時代を生きていく私たちは、話し方やテーブルマナーなどの生活の教養、また学問の教養と同じくらい、お金の教養は必要なものになるでしょう。

お金の悩みいろいろ

マイホームは
買うべき?
借りるべき?

何に使ったか
よく覚えていない
のにお金が
消えていく…

老後資金は
いくら必要なの?

貯蓄と投資は
どっちがいい?

投資信託は
どれを
買ったらいい?

収入が増えても
お金が貯まらない
のはなぜ?

↓

「お金の教養」が身につけば解決する!

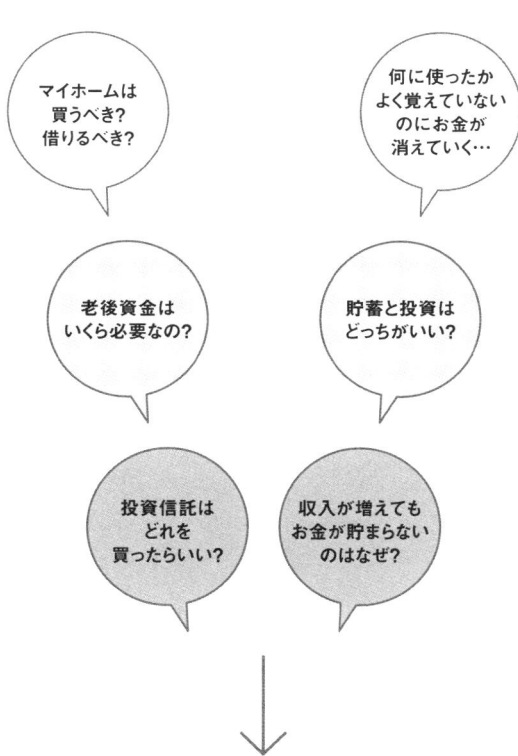

正しいお金の扱い方を知らないと、本来便利なはずのお金が凶器となり、自分や家族を苦しめ、挙句《あげく》の果《は》てに人生を狂わせてしまうことにもなります。

また、とても高い能力があり、人の何倍もの年収を稼ぐ人が、お金の教養があるとは限りません。いくら稼いでも何故か手元にお金が残らないのは、お金についての正しい知識が身についていないからなのです。

本書の目的はズバリ、

「豊かで不安のないライフスタイルを送るための、正しいお金の知識を身につける」

ということです。

楽しい生活をする上で、また安心できる老後を過ごすために、とても大切な「お金」というものについて、真面目に考え、正しい知識を身につけ、「お金の教養」がある豊かさを感じられる人が増えることを願って書いたのが、この本です。

「お金の教養」は、大きく**7つ**に分かれます。

詳しくは、各章でお話しいたしますが、簡単に7つの教養をお伝えしたいと思います。

第1章では、お金の教育を受けていなかった私たちが、本来学ぶべきだった**「お金についての考え方」**や**「お金の知性」**についてお話しします。

第2章では、お金を正しく扱うための**「お金の貯め方」**や**「預貯金のルール」**をお話しします。

お金を増やすためには預貯金が一番正しい方法だということではなく、お金を正しく扱うことができる人間の最初の条件として預貯金が重要だ、ということをお伝えします。

第3章では、**「お金の正しい使い方」**を**〈小さなお金〉**と**〈大きなお金〉**に分けてお話しします。

日々必ずと言っていいほど、私たちはお金を使います。そのお金の使い方を間違えると、せっかく貯めたお金が無駄に流れていってしまうのです。どのようなルールに従って、正しく価値のある物にお金を使うか、これも教養の1つです。

日々のお金の使い方から、マイホームを買う基準まで正しくお伝えします。

第4章は、仕事やキャリアアップによる**「お金の稼ぎ方」**をお伝えします。

仕事によってお金を稼ぐということは、ただ高い給料をもらえる会社に行きたいとか、儲かるビジネスを始める、ということではないのです。収入を高めるためには、ビジネスパーソンとしての勉強はもちろん、話し方から、経済やビジネスセンスまで、さまざまな教養を高めていく必要があります。

第5章では、お金に働いてもらい、お金を稼いでもらうようにする方法、つまり資産運用での**「お金の増やし方」**をお話しします。視野を広げて経済の大きなうねりに乗り、お金に働いてもらうことができるようになります。

第6章は、**「お金の維持管理」**の方法をお伝えします。

実は、まとまったお金を持ってから、このお金の維持管理の教養を身につけても遅く、今すぐに取り組む必要があります。起業家や高収入の人によくある例ですが、お金を稼ぐ能力は抜群に優れていても、このお金の維持管理方法を知らないために、お金がすぐに流れ出ていってしまう人はたくさんいるのです。

第7章は、入ってきたお金を寄付やチャリティなどで**他人に与える**器のお話をしたいと思います。お金は一人で抱えていても、良い働きはしません。この他人に与える器まで行えるようになった人が、正しくお金を扱うことができる「お金の教養」のある人、だと私は思います。

「お金の教養」はこれからの格差社会を生きるために、必要不可欠な道具となります。ぜひあなたも、私のお金に対する考え方、そして実際に行ってきたノウハウや仕組みを使い、お金について正しい知識を身につけ、お金の不安を取り除いていただきたいと思います。

この本が、あなたの豊かさを得る手助けになれば幸いです。

泉　正人

目次

第1章 お金についての考え方

第2章　お金の貯め方

第3章　お金の使い方〈小さなお金編〉

第3章 お金の使い方〈大きなお金編〉

第4章 お金の稼ぎ方

第5章 お金の増やし方

第6章 お金の維持管理

第7章 お金を与えること

第1章

お金についての考え方

なぜ、宝くじに当たると破綻《はたん》するのか？

The way of thinking about the money

「もし、宝くじで3億円が当たったら……」

宝くじを買わない人でも、本当に当たったら嬉しいことだと思います。これは誰もが一度は考えたことのある夢のひとつではないでしょうか。

セミリタイアして、南の島で暮らしたい。都心の一等地に豪邸を建てたい。あこがれのスポーツカーを手に入れたい。会社を辞めて、世界一周の旅に出掛けたい。いろんな夢が浮かんでくることと思います。

しかし、実際に宝くじで3億円当たったり、何億ものお金を親から相続した人が数年で破綻した、というのはよく聞く話です。

なぜ、何億ものお金を手にしながら破綻してしまうのでしょうか？

「自分は絶対そのようにはならない」と思っていても、今まで扱ったことのない大金を手にすると、多くの場合、金銭感覚が狂ってしまいます。そして、お金があるということを理由に、必要でもない大きな買い物をしたり、無駄遣いをしたり、架空の投資話にだまされたりするケースがとても多いのが現状です。

ではなぜ、こういうことが起こるのでしょうか？

これはまさにお金を扱う知性、つまり「お金の教養」の問題なのです。

お金は現代の社会にはなくてはならないものですが、お金には大きく分けて3つの価値があります。

1つ目は、物やサービスと交換する手段。

物々交換を行っていた時代と、貨幣というお金ができてからの時代では、あきらかに物の交換が便利になっています。

2つ目は、物の価値を計《はか》る基準。

100円の物と、1万円の物では、1万円の方が良い物とわかります。お金とは、その物の価値を計る上で、とても公平な役割をします。

3つ目に、保蔵できる事です。

お金が余ったとき、貨幣として価値を貯めておくことが出来るので、食物のようにすぐに腐ることはありません。貯蓄という形でお金を貯める（＝保蔵する）ことで、お金を持っていることの安心感、つまり将来の不安から解放する役割も持つのです。

このような価値のある便利で公平な「お金」ですが、人や扱い方によって印象は様々です。


「お金のことは人前で話すことではない」

「お金は汚い」

というイメージを持っている人がいれば、

「お金は大事」

「お金しか信じられない」

というイメージを持っている人もいます。


本来、物やサービス、そして時間などと交換できる便利なはずのお金が、その考え方ひとつで、お金だけに執着する人を生み出したり、一方でカードローンや、無理な借金、そして扱ったことのない大金などを手にした時に、人生を狂わせてしまう程の「凶器」となってしまうケースも後を絶たないのです。

例えば、包丁は野菜やお肉を切ったり、おいしい料理を作ったりするために必要不可欠なものですが、使い方を間違えると、人を傷つける凶器となってしまいます。

自動車などの乗り物も同様です。正しく使えばとても便利で効率的なものなのに、乗り方を知らない人や、危険な運転をすると、一気に凶器と変わるのです。

包丁の扱いや運転と同じように、「お金の扱い方」を家庭や学校で教わるべきなのに、今まで誰も教えてくれることはありませんでした。

お金の正しい考え方や扱い方、将来設計を行う上でのお金とのつきあい方など、大切な知識を全く知らないまま大人になり、社会に放り出されるのです。

目にしたことのない大金を前にすると金銭感覚が狂ってしまい、破綻するケースが後を絶たないのは、**「お金の正しい扱い方」を誰からも教わってこなかったことが原因だった**のです。

「貯金をする」以外誰もお金について教えてくれなかった

The way of thinking about the money

「お金は貯金しなさい」

親から教わった金銭教育といえば「貯蓄」だけでした。

多くの方は、私と似たような教育を受けていたと思いますが、この貯蓄をするということだけでは、お金についての正しい知識は身につきません。

お金は貯めるだけのものではなく、貯めたお金を価値ある物やサービスに交換するためのものだからです。

貯金がいくらあったとしても、毎日カップラーメンを食べて、家にこもり、ケチに徹している人生は面白くないでしょう。

それよりも、ある程度のまとまったお金ができたら、資産運用という形でそのお金にも働いてもらい、そこで得たお金で旅行や食事などの、少しの贅沢をした方が、絶対に人生は、楽しく豊かになるはずです。

貯めることしか知らない私たちは、まとまったお金ができたとき、その扱い方を知らずに、冷静な判断もできないまま高額なマイホームを買ってしまったり、無駄にお金を使ってあっという間になくしてしまったりするのです。

社会で生きていく上で、私たちは大きな3つの教育を受ける必要があると思っています。

1つ目は、**学問教育**。

日本人なら誰もが義務教育で学んでいる、読み・書き・そろばんです。日本では当然のように学んでいることですが、世界では、学校へ通えず、言葉は話せても文字の読み書きができない子供は大勢います。私たち日本人にとっては当たり前のことなのですが、義務教育の9年間をかけて、社会人の基礎となる教育を受けているのです。

２つ目は、**職業教育**。

これは、社会に出て働く上で必要な教育です。

たとえば、弁護士、医師、教師になるための勉強であったり、自動車の整備士になるための訓練であったり、美容師になるための教育だったりという、社会に出て稼ぐ力をつけるための教育です。これも必ず必要な教育といえます。

今まではここまでの教育しか受けていませんでしたが、これからの時代にはもう１つの教育が必要になってくると思います。

それが、３つ目の**「金銭教育」**です。

本来は、子供から大人まで、だれもが日常的に使うお金についての教育ですが、実際には「お金のマニュアル」を誰からも教わることなく大人になっていくのが現状です。

そして大人になって、まとまったお金を持つようになると、お金についてのいろいろな悩みが生じてきます。

・マイホームは、買うべきか、借りるべきか？
・貯蓄と投資はどちらが良いのだろう？
・投資信託はどれを買えばいいの？
・老後はいくら必要なのだろうか？

前提となる「お金の教養」がないと、いくら悩んでも答えは見つかりません。また、ファイナンシャルプランナーなどの専門家に相談に行っても、自分の考えがしっかりしていないので、言われたことを鵜呑《うの》みにしたり、余計混乱する場合さえあります。

もし、お金についてちゃんとした教育を受けていたら、上記のような悩みはすぐに解決するはずです。

この3つの教育を受け、バランスよく身についてはじめて、人生の本当の豊かさが得られると思うのです。

老後の生活を心配している理由
（複数回答）

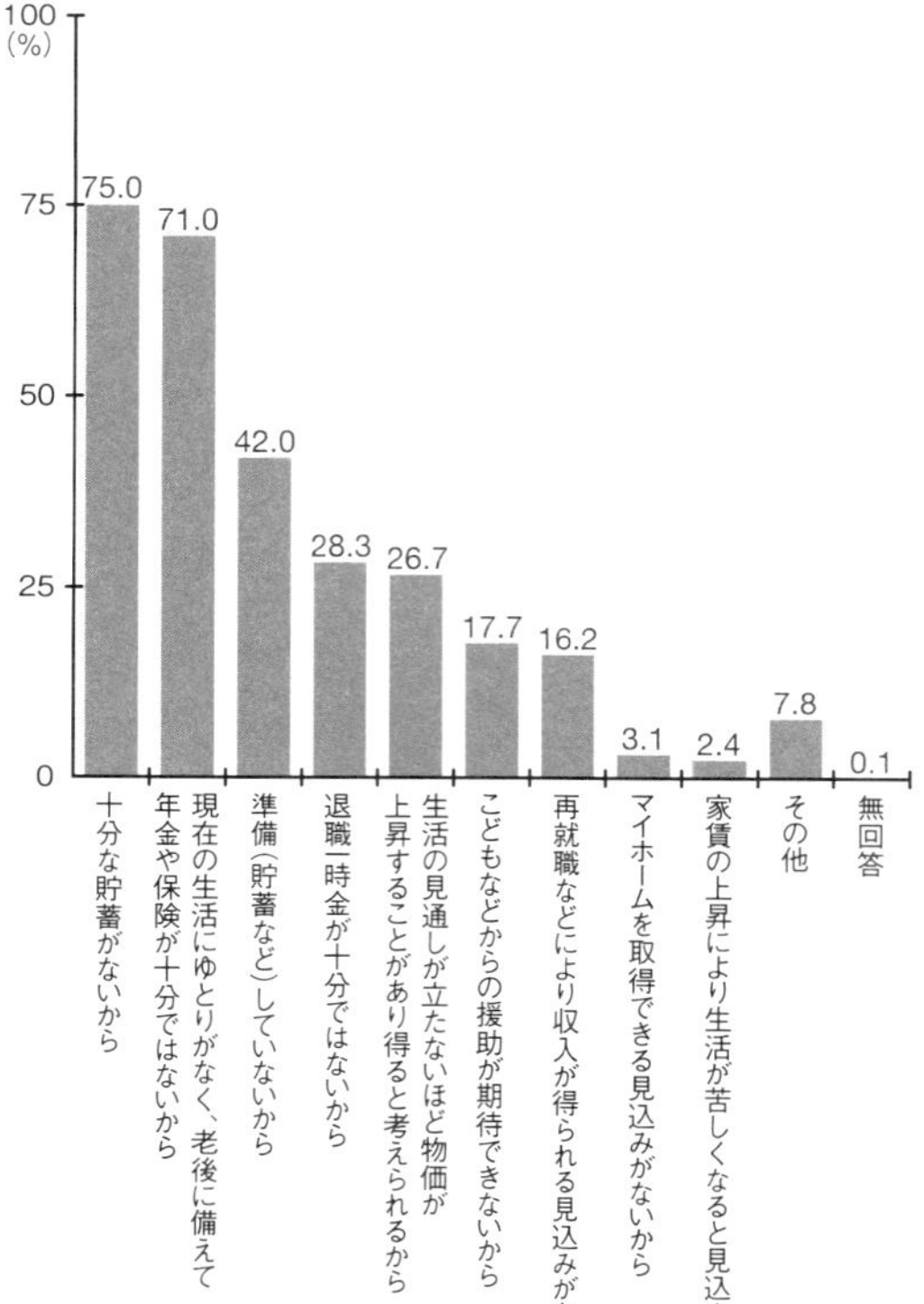

出所：金融広報中央委員会「家計の金融行動に関する世論調査」（二人以上世帯）2007年

年収３０００万円でも なぜかお金が貯まらない 本当の理由

The way of thinking about the money

お金の教育を受けず、お金の教養がないと、いつになってもお金に苦労してしまいます。

たとえば、年収３０００万円ものお金を稼ぎながら、貯金らしい貯金もできないまま、いつもギリギリの生活を送っている人がいます。豪邸を建て住宅ローンに追われ、車や旅行など、あるだけのお金を使い、贅沢をして、「なぜかお金が貯まらない」という人たちです。

世間的には「年収３０００万円のお金持ち」に映るのかもしれませんが、実際にはまとまった現金を持っているわけでもなく、株などの資産もない。マイホームという不動産はあるのですが、その家の価値よりも借金の額の方が大きいことが多々あります。

こういう人は、せっかく高い収入を得ているのに、お金の正しい使い方を知らないことが理由で、入ってきた以上にお金を使ってしまっているのです。
お金を稼ぐ能力と、お金を維持管理する能力は、全く別の能力です。

この点を正確に理解していないと、**私たちは豊かさを「稼ぎ」や「年収」だけで判断する**ようになってしまいます。そして収入さえ増えれば問題はすべて解決する、と錯覚してしまうのです。

たとえば、年収500万円だった人が、転職でキャリアアップして、年収1000万円になったとしましょう。収入が倍になったのです。

でも、手元に2倍のお金が残るとは限りません。

家賃7万円だった部屋から20万円の部屋に引っ越し、外食する回数やタクシーに乗る回数を増やし、毎月きっちりお金を使い果たしていきます。そして「もっと稼がなきゃお金なんか貯まらない」と考えるのです。

こういう感覚が身についてしまうと、年収1500万円になれば1500万円を浪費するでしょうし、2000万円になっても同じでしょう。

つまり、どんなに「お金を稼ぐ能力」を向上させても、「お金を持ち続ける能力」を身につけてお金の教養そのものを高めないことには、お金は逃げていくだけなのです。

収入が増えれば、「お金の問題」は解決するのか？

The way of thinking about the money

私自身、若い頃はとてもお金に苦労をした経験があります。

冒頭にも書きましたが、働き始めの若い頃は年収２００万円強。自分の使うお金を管理し、貯蓄こそあまりできませんでしたが、質素で健全な生活を送っていました。

その後、年収が上がっていくにしたがって、私の金銭感覚は徐々に狂っていきました。気がついてみると、毎月出て行く固定費が多くなり、支出が収入を上回り、ローンを抱え、しまいには親からお金を借りる始末……。

社会に出て仕事をしているにもかかわらず、親に甘えて、お金を使い続けていた私は、最近話題のメタボリックのように、自分自身が**「お金の生活習慣病」**になっている状態だと気づかされたのです。

この状態では、必ず破綻する！　そう思った私は、体質改善を行おうと決めたのです。

収入が増えれば豊かになるのか？

●年収200万円の頃

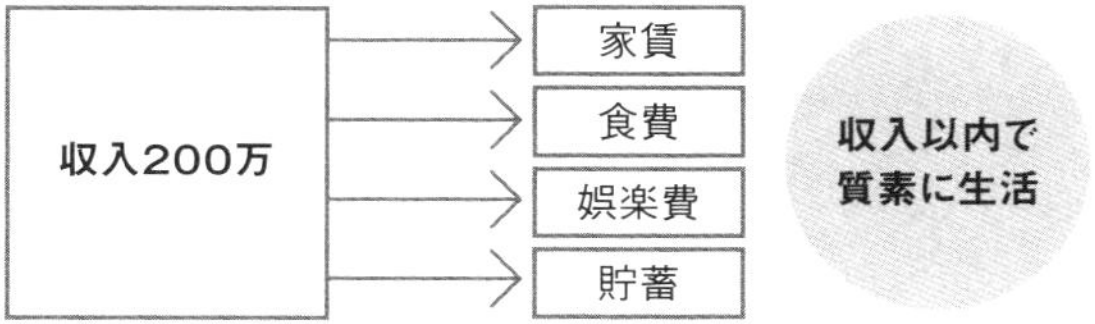

●年収400万円の頃

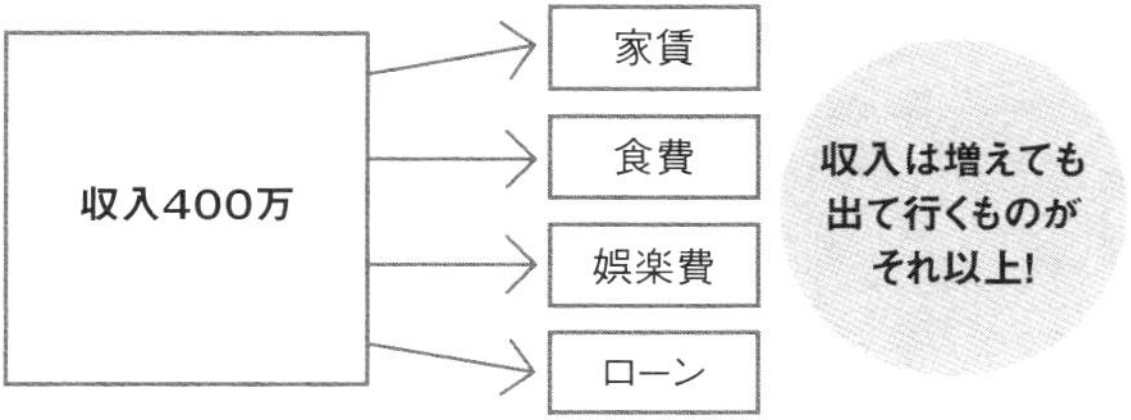

まずは収入以上にお金を使わないという当たり前のことから始め、貯金のルール、お金を使うときのルールなど、自分なりのルールを作り上げていきました。

当時、私は、「収入が少ないからお金の問題が多いのだ」「収入が増えればこの問題も解決する」と思っていました。

でも実際に自分の過去を見てみると、収入が少なかったときの方が家計は正常でした。収入以上に使うこともありませんでしたし、自分の生活レベル以上の車を購入したあげくにローンを抱えることもなかったのです。

お金の問題とは、「お金がない」ことではなかったのです。

お金がない人は、欲しい物が買えない、旅行に行けない、などという問題を抱え、お金を稼いでいる人は、もっと稼ぎたい、大きなマイホームが買いたい、という問題にぶつかり、資産を持っているお金持ちは、相続や税金の問題を抱えています。経営者は会社の資金繰りの悩みを抱えていたり、政府や学校ですらもお金の問題と無縁で

経済的な豊かさと心の豊かさの実感状況

経済的な豊かさを実感するために大切なこと（3つまでの複数回答）

（%）

マイホームなどの実物資産の取得	19.3
ある程度の額の金融資産の保有	48.0
ある程度の額の年収の実現	62.8
消費財購入やレジャー関連消費の充実	18.2
その他	6.7

心の豊かさを実感するために大切なこと（3つまでの複数回答）

（%）

経済的な豊かさ	50.1
趣味の充実	20.0
仕事の充実	14.9
時間的な余裕	21.2
健康	73.2
将来の生活への安心感	30.0
家族とのきずな	49.1
人や社会への貢献	8.8
その他	2.2

出所：金融広報中央委員会「家計の金融行動に関する世論調査」（二人以上世帯）2007年

はありません。

このように、お金の問題は誰もが持っているものです。

大切なのは、お金がたくさんあるか少ないかではなく、「その問題をどう扱うか」だったのです。

たとえば、お金がないという問題にぶつかったときに、消費者金融からお金を借りるという問題解決をすれば、お金に苦労するのは当然です。

一方で、お金がなくなったとき、すぐに節約をして、どうやったらたくさん入ってくるようになるかを考えれば、お金の問題がプラスに働くこともあるのです。

かつての私は、収入が増えてもお金がない状態が続き、この問題を解決する唯一の方法は、**「お金の習慣」を変えることだ**と思いました。

当時の私のように「お金がない」という問題にぶつかっている人は、必要でもない洋服をたくさん買ったり、車検のたびに新車に乗り換えたり、周りがマイホームを買ったという理由だけで自分もマイホームを買ったりと、無駄なお金を使う習慣が身に染みついていないか、一度見直してみましょう。

「お金の習慣」を変えてあげるだけで、「お金がない」というお金の問題は解決していくのです。

お金とダイエットの意外な関係

The way of thinking about the money

お金の生活習慣と、ダイエットはよく似ていると思います。

たとえば、ここに「半年で５キロ痩《や》せる」という目標を掲げた人がいるとしましょう。ダイエットの方法は、ジムに通う、毎朝ジョギングする、食事制限をする、などさまざまです。

ただ、私たちはダイエットをするとき「１日で５キロ痩せる！」といった無謀な目標は立てません。３ヵ月や半年、あるいは１年計画などで目標体重を設定し、無理のない範囲でダイエットしていきます。

そもそも１日や１週間で５キロ痩せることは無理でしょうし、もし仮に短期間で痩せたとしても、リバウンドという恐ろしい副作用が待っていることを知っているからです。

筋トレにしても同じことで、腕立て伏せを１００回や２００回やったところで、１

日で筋肉がつくわけではありません。筋肉をつけたければ、やはり数ヵ月〜数年単位でのトレーニングが必要になります。

お金もこれら健康の習慣とまったく同じです。

「一攫千金《いっかくせんきん》」という言葉があるように、世の中には一挙にお金を増やそうとする人が多いのですが、これは1日で5キロ痩せようとしているのと同じようなものなのです。

もしお金を増やしたいのなら、ダイエットで食事制限をするように、まずは無駄遣いを減らしてみましょう。あるいはジョギングするように貯金をしたり、ジムでマシントレーニングするように資産運用するのもいいでしょう。

いずれにせよ大切なのは、お金もダイエットもそれを1日や2日で解決しようとせず、習慣化していくことなのです。

お金の仕組みとダイエットは似ている

毎日少しずつ継続して → **節約**

毎日少しずつ継続して → **資産運用**

成功の条件

- 無理のない範囲で行う
- 長期的な視野に立ち、目標設定する
- ともかく習慣化する!

「お金は汚い」という幻想を取り払おう

The way of thinking about the money

日本にはお金を不浄なものとして扱う傾向があります。「お金は汚い」という考えです。

たとえば米国には、一代で財をなした人をアメリカンドリームをかなえたヒーローとして称賛する文化があります。大きな努力をして、その結果、財をなした人は素晴らしいという考え方です。

一方、日本では一代で財をなした人を「成金《なりきん》」として軽蔑するような文化があります。人前でお金の話をするのも品のない行為だとされますし、まるでお金を汚いもののように扱う傾向があります。

私たちは、「運用で得た10万円より、汗を流して稼いだ10万円のほうが美しい」と自然と考えてしまいます。

でも、お金は、物やサービスと交換するための手段であったり、物の価値を計る基準であるものです。そこには、「きれい／汚い」などと考えない方が、ニュートラルな視点で判断できると思います。

実際に、世の中の高収入を得ている人を見てみると、朝早く起きて新聞などで経済の情報を収集し、効率よく仕事をする方法を考え、夜遅くまで読書をして勉強をしています。その結果がお金という形で回ってきているだけだと思うのです。

株式投資などの資産運用でお金を得た人も同じことが言えます。

世界中の経済の知識を学び、会社の分析をし、経営者の質を見極める洞察力をもち、日々努力をしているのです。必ずしも一攫千金を狙ったギャンブルでお金を得ているわけではないのです。

もちろん、実際に法に反してお金を稼いでいる人がいるのも事実です。でも、ほとんどの人は、正しくお金を稼いだり増やしたりしています。

お金というのは価値や価格を表す数値として存在する、という考えに切り替えてみると、お金に対する視点が変わってくると思います。

預金通帳はあなたの「お金の履歴書」だ

The way of thinking about the money

通帳を見ていると、自分のお金に対する性格がよくわかります。

たとえば、給与等が振り込まれてくる口座の残高が毎月減っているとすれば、それは間違いなくお金の生活習慣病になっていて、収入の範囲内で生活できていないことがわかります。そして改善しないといつか破綻することも一目でわかります。

毎月の家賃の支払いが25日だったり、30日だったり、もしくは翌10日に振り込んでいたりする記録があれば、その人はお金の管理ができておらず、お金にルーズだということが一目でわかってしまいます。

昔の私は、実際にこういう時期がありました。

まずは欲しい物をローンで買って、そのローンを払った後に、自分の欲しい物にお金を使い、余ったら家賃を払う、と完全に順番が狂っていました。まさしく「お金に対する教養がない」行動をとっていたのです。

当時の私の通帳を見るだけで、お金に対する教養の有無がわかるでしょう。

実際に自分の通帳をじっくり見てみて、お金はしっかり増えているか、家賃の支払いは毎月同じ日に行っているか、何に使ったかわからないようなお金はないか、などをチェックしましょう。

お金の履歴書を自分自身で確認して、日々の細かいところから改善するだけで、お金に対する姿勢が変わってくると、私自身が身を以て経験したから言えるのです。

預金通帳はここをチェックしよう

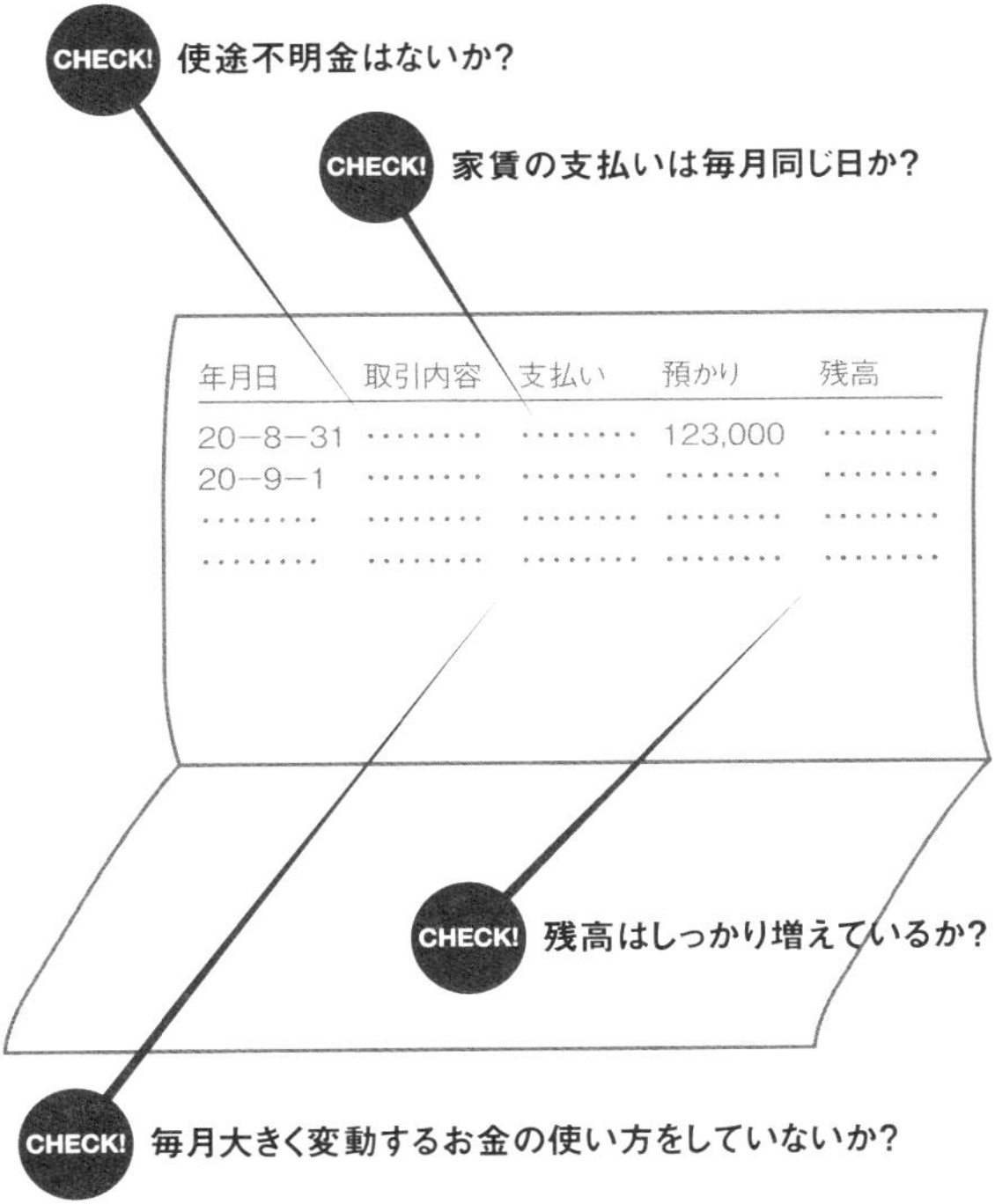

第2章

お金の貯め方

「仕組み」をつくれば、お金は貯まっていく

He regularly puts aside twenty percent of his annual income

せっせと貯蓄にはげむ人がいれば、貯蓄なんて全くしていない、という人もいます。
「宵越《よいご》しの金は持たない」という昔ながらの江戸っ子のような人もいます。
貯蓄というのは、本当にした方が良いのでしょうか。

金融広報中央委員会が２００７年に発表した「家計の金融行動に関する世論調査」（二人以上世帯）によると、貯蓄について「保有していない」と答えた世帯、つまり貯蓄なしの世帯が20・６％にものぼっています。そして単身世帯になると29・９％もの人が「貯蓄なし」と回答しているのです。

お金がしっかり貯まっていく人と、なかなか貯まらない人。その違いはどこにあるのでしょうか？

もちろん収入の違いもあるでしょうし、趣味やライフスタイルの違いもあるでしょ

無貯蓄世帯比率

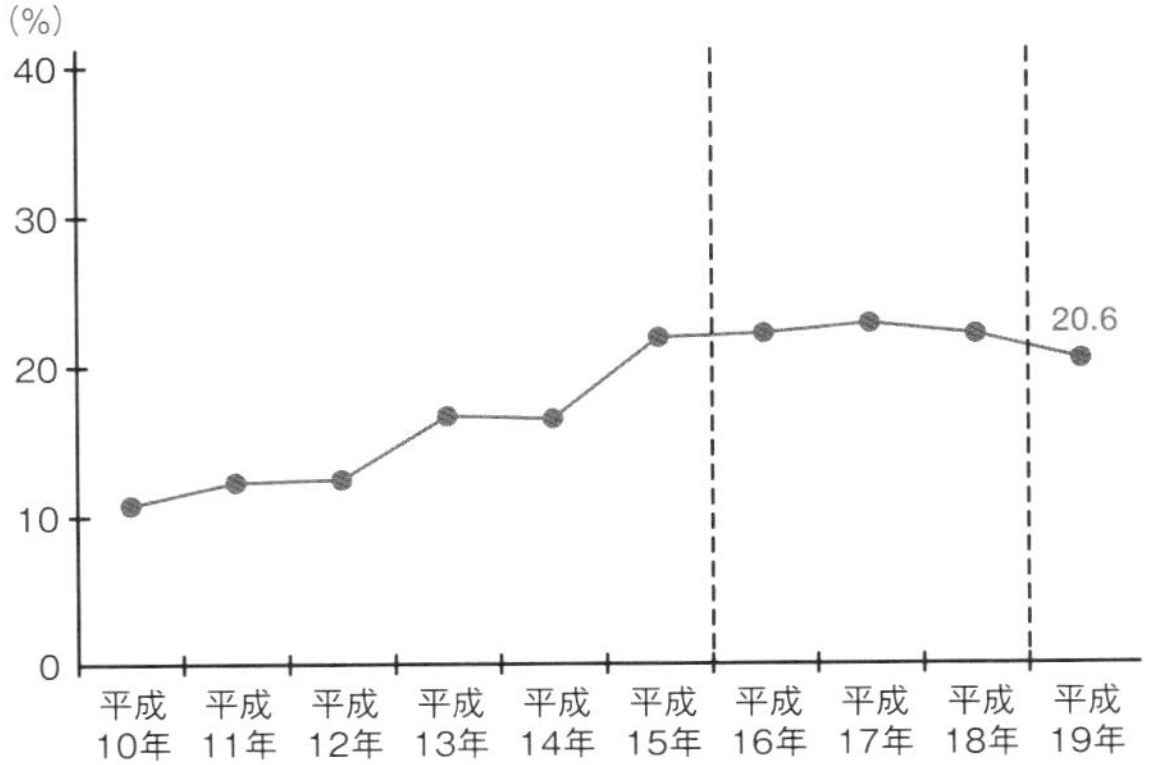

出所:金融広報中央委員会「家計の金融行動に関する世論調査」(二人以上世帯)2007年

う。お金に対する考え方だって人それぞれでしょう。

しかし、**最大の違いは「習慣化」だと思います。**

貯蓄は、「ない」よりは少しでも「あった」方がいいはずです。自分のやりたいことができますし、欲しい物も買えるようになります。

最初は洋服などの身の回りの欲しいものが買えるようになりますが、もっと貯蓄が増えれば、車やマイホームの頭金などにすることができるようになります。

では、洋服も車も家も欲しくないなら、貯蓄をしなくていいのでしょうか？

私はそうは思いません。

貯蓄とは、お金をしっかりコントロールできる能力の1つです。お金を貯めることが目的ではなく、自分の入ってきた収入を管理し、その中で支出を管理することができる習慣を身につけることが、貯蓄の最大の目的だと思います。

その習慣化ができた結果が「貯蓄額」という結果になって表れてくるのです。

前にも書きましたが、私は若い頃、貯蓄をするどころか、趣味のサーフボードを分割払いで買ったり、車のローンを組んで身の丈以上の生活をするようになり、借金ばかりが増えていった時期がありました。

これは、私自身のお金に対する習慣が、悪い習慣しかなかったことが原因でした。入ってきたら入ってきただけ使う。そして足りなければ借金してでも欲しい物を購入する。そういう悪い習慣が徐々に身に染みついてきて、数年経った頃には、もうその習慣から抜け出すことすらできなくなっていました。

これではお金に対してしっかり向き合うことができません。

貯蓄の習慣化やお金のコントロール能力は、収入とは比例しません。

私は収入が少ない頃、「貯蓄ができないのは、収入が低いからだ」と思い込んでいましたが、実際には収入が上がったら、貯蓄どころか借金が増えました。

私たちは一度生活の質を上げてしまうと、なかなか下げることができず、貯蓄よりも生活の質を上げようという方向に、自然と動いてしまうものなのです。

それを変えるには自分の感情を抑え、貯蓄をすることです。こうすることでお金の正しい習慣が身についてくるのです。

この正しい習慣が身についていないと、仮に大きなお金が入ってきたとしても、破綻する宝くじ長者のように、入ってきたお金はすべてなくなってしまうのです。

私が実践してきた2割貯金のルール

He regularly puts aside twenty percent of his annual income

正しいお金の習慣を身につけるために、私が実践してきた貯金のルールをご紹介いたします。

まず最初に、収入を「2：6：2」に分けます。
仮に手取り収入が30万円なら、「6万円：18万円：6万円」と分けるのです。
そして、それぞれのお金の使い途《みち》を、次のように決めます。

- **収入の2割……貯金**
- **収入の6割……生活費**
- **収入の2割……自己投資**

いままで10の生活をしていたところを、6割の生活に落とすわけですから、生活費が足りないときなどは、2割の貯金を削りたくなったときもありました。

旅行に行ったときは、自分が成長するための勉強や読書などの自己投資額を少し減らしてもいいかな、と思ったときもありました。

でも、一度作ったこのルールを守らないと、お金にだらしのない習慣のついた私はすぐに昔の自分に戻ってしまうと思い、このルールだけは守る、と決めたのです。

この「仕組み」にしたがって収入の2割を貯めていると、毎年2割ずつ貯まっていくのですから、5年経てば年収分の貯蓄ができることになります。

年収500万円なら500万円の貯蓄が、年収1000万円なら1000万円の貯蓄が、自然と貯まるのです。

年収300万円であれば、1年で60万円も貯まるのですから、1年8ヵ月で100万円を貯めることができるのです。

なお、先の「家計の金融行動に関する世論調査」(二人以上世帯)によると、2人

必ず貯まる2割貯金のルール

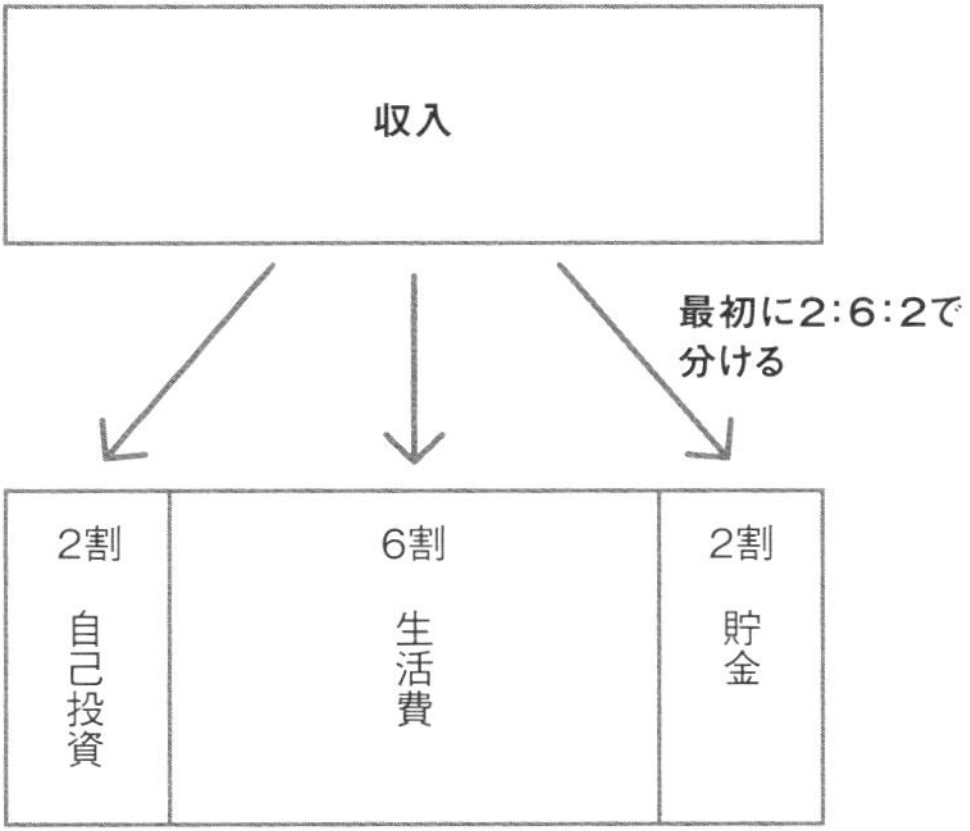

たとえば収入20万円なら…

生活費→12万円
自己投資→4万円
貯金→4万円

↓

2割貯金を習慣化すると、毎年収入の2割が貯まり、
5年後には年収分の貯蓄ができる!

以上の世帯が貯蓄に回す金額は、平均で「年収の8％」というデータが出ていますが、それを20％までもっていくことが、お金の習慣をより良くするためのポイントになると思います。

ただし、2割貯金のポイントは、金額ではありません。

100万円や1000万円を貯めることが目的ではありません。あくまでもお金の生活習慣病から抜け出し、正しいお金の習慣化のためのトレーニングだと思い、行うようにしましょう。

お金の正しい習慣化さえできれば、将来収入が上がれば上がるほど、貯蓄率は自然と高まっていくのです。

ダイエットのように貯金を公言する

He regularly puts aside twenty percent of his annual income

最近では、あらゆる世代の人々が健康的なダイエットに取り組むようになりました。

そしてダイエットを成功させる秘訣のひとつに、「周囲の人に公言する」という方法があります。

会社の上司や同僚、親友、そして家族へと、さまざまな人に「今月からダイエットすることにしたんだ」と公言して回る。

そうすると、ダイエットが自分だけの決意ではなく他者との「約束」になり、途中で断念することが少ないのだそうです。

私は、貯金も同じだと思っています。

収入の2割を貯金し続ける自信がない人は、信頼の置ける友達などに**「毎月収入の2割を貯金する」と公言してしまう**のも、ひとつのアイデアです。

私の場合、その約束をさらに固いものにするために、毎月友人に通帳を見せるようにしていました。

私のように意志の弱い人間にとって、貯金のルールを決めても、ひとりで守り通すのは難しいものです。そこで友人に見せることで、なんとか「毎月収入の２割を貯金する」ことを継続し、習慣化することができたのです。

通帳を他人に見せることに対して、抵抗を感じられる方は多いと思います。

ただ、これは私自身の経験でもあるのですが、通帳を他人に見せると、思いのほかオープンな気持ちになれるものです。お金に対する照れや罪悪感、過剰反応などがなくなり、お金と感情を切り離す一助にもなります。

もし、どうしても通帳を他人に見せるのに抵抗があるようなら、貯金用の通帳をつくって、それだけを見せるようにするといいでしょう。

貯蓄へのマイナスイメージを払拭《ふっしょく》する

He regularly puts aside twenty percent of his annual income

そもそも、私たちはどうして貯蓄をしようと思うのでしょうか？

よく「お金は使うためにあるもので、貯めるだけでは意味がない」といった話を耳にします。たしかに、一理ある考えです。

しかし、私は貯蓄をするという習慣化以外にも、貯めたお金そのものにも意味があるのではないか、お金を手元に置いておくことで我々は目に見えない何かを買っているのではないか、と思っています。

それは「安心」です。

たとえば３０００万円のお金には、３０００万円分の安心がついています。

仕事に対する不安、怪我や病気に対する不安、リタイア後の生活など将来に対するいろいろな不安。こうした不安を和《やわ》らげ、解消する手段のひとつとして、お金がある。

私はそう思っています。

だから、3000万円の貯金をずっと口座に入れているお年寄りの方も、それは使わないお金かもしれませんが、「3000万円分の安心」という商品を保管していると考えると、そのお金で買える物以上の目に見えない価値があると思うのです。

ところが、日本人は他人の貯蓄に対して厳しい目を向けるところがあります。

たとえば、「あいつは相当、貯め込んでるらしいぞ」という言葉は、立派な悪口として語られます。

貯蓄家や蓄財家という言葉も、あまりいいイメージがありませんし、「通帳残高を見てニヤニヤしている人」といった印象を持つ人もいるかもしれません。

もっと極端に「お金にケチな人」というイメージを持っている人もいるかもしれませんが、まずは私たち自身が、お金に対する正しい教養を身につけ、悪いイメージに影響されないようにしていく必要があると思います。

1年前と比較した貯蓄残高の増減（年齢別）

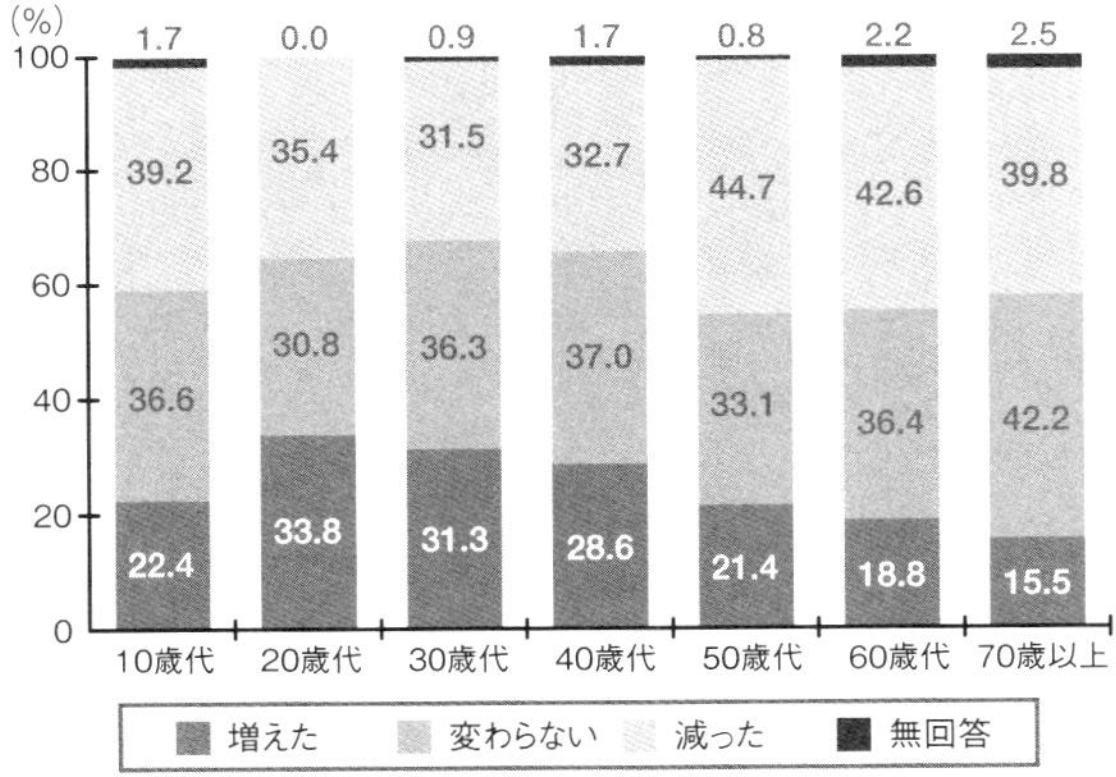

出所：金融広報中央委員会「家計の金融行動に関する世論調査」（二人以上世帯）2007年

第 3 章

お金の使い方〈小さなお金編〉

生涯賃金から「小さなお金」を考える

How to spend
a small sum of money

普段、私たちが当たり前に使っているお金ですが、お財布から出したり、クレジットカードから支払ったりする「小さなお金」と、マイホームや車、保険などの「大きなお金」に分けて考えていきたいと思います。

ちなみに、この2種類のお金の使い方の共通点は、**「無駄なことには使わない」**ということです。これは「小さなお金」でも「大きなお金」でも大切なポイントです。

日常の小さなお金を使うときの考え方として、大切なことが2つあります。

それは、「節約」と「価値」です。

まず「節約」の方から考えてみましょう。

私たちは、普段使うお金について、節約を考えるときと、全く考えないときがあります。

たとえば、ランチをするとき100円安いところに行ったり、卵を10円安く買うために遠くのスーパーまで行って買い物したりということ、ありますよね。

その時は節約を意識しているのですが、「どうしても欲しい」という感情が働いてしまうと、節約という考えがなくなってしまいがちです。

たとえばブランド品のバッグが欲しいとなったら、普段1万円のバッグを使っている人が、30万円ものバッグをためらわずに買ってしまいます。

なかには、旅行の時くらいは贅沢したい、と言って旅先で一気に使ったり、ストレスが溜まっているからと言って、一晩で何万円も使って飲みながらグチっていたりすることもあります。

ここで、「小さなお金」を、大きな視野を持って見てみましょう。

厚生労働省の調査によると、新卒から定年まで同一企業で働き続けた大卒サラリーマンの生涯賃金は2億9400万円で、約3億円となっています。なお、転職を経験した大卒サラリーマンの生涯賃金は2億7590万円と、やや低くなります（「賃金構造基本統計調査」2005年）。

この3億円という生涯賃金の使い途の内訳を考えてみると、大きな出費は、次のようになります。

▽住宅　4000万円のローンを抱えて、諸費用、金利を含めると約7000万円の支出

▽子ども1人の教育・養育費　3000万円の支出

※子どもの誕生から大学卒業までにかかる費用は、すべて国・公立校に進んだ場合でも2985万円かかる（AIU保険「現代子育て経済考2005年版」より）

▽定年退職時の預貯金や有価証券などの資産　2000万円

※60歳以上の方の平均貯蓄額は2195万円（平成17年総務省統計局「家計調査」より）

▽所得税などの税金等が2割と仮定して、6000万円の支出

そうすると、残りの1億2000万円が、普段の生活費（小さなお金）として使われていることになります。かなり大ざっぱな計算ですが、ここでは正確性よりも大きな視野でお金を把握することを優先して考えていきましょう。

生涯で1億2000万円にも達する「小さなお金」。

もし、ここで出ていくお金を2割カットすることができれば、なんと2400万円ものお金が貯まることになります。それどころかたったの5％カットするだけでも、600万円ものお金ができるのです。

2400万円もの大金をコツコツ貯金するのは、いかにも大変なことでしょう。

しかし、日常の「小さなお金」を2割カットするだけで、ほとんど自動的に2400万円の大金が貯まっていくのです。

ちょっとした細かいお金の使い方次第で、お金の流れは劇的に変わっていくことが

わかります。

小さなお金を地道にコントロールしていくと、自然とまとまった大きなお金になっていくのです。

何が「浪費」で何が「投資」か考えてみる

では、どのようにお金を節約していけば良いのでしょうか？

なんでもかんでも節約ばかりしていては、人生におもしろみがありません。それこそ貯蓄だけが目的の人生になってしまっては、本来のお金の価値を楽しむことはできません。

お金を価値のあるものやサービスにはしっかり使い、価値のないものやサービスに対しては使わない、というルールが必要です。

私の考えるルールとは、私たちが普段使う小さなお金を、使い方によって「投資」と「消費」と「浪費」の3種類に分けて考えるということです。

・買ったものが、払った額以上の価値がある＝「投資」
・買ったものが、払った額と同じ価値がある＝「消費」

・買ったものが、払った額以下の価値しかない＝「浪費」

たとえば、英会話スクールで優秀な講師からマンツーマン指導を受け、ビジネス英会話を完璧にマスターする。この授業料は明らかな「投資」です。

数百万円かかったとしても、キャリアアップによって年間数百万円もの収入が上がることも考えられますし、また、英語が話せることで海外旅行を楽しめる土台ができるからです。

こういう自己投資は、使った額は大きいですが、大きな投資となって自分に戻ってくる良い投資です。

月に1度のおいしい高級レストランで食事をするのも、その味や雰囲気を味わい、人としての経験や教養が高まるのであれば、それは「投資」となるでしょう。

また、急いでいるときにタクシーに乗る。これは「消費」でしょう。早く目的地に到着したいという目的と、タクシー代という額が、一致しているのです。

お金の価値を考える

[投資]

[消費]

[浪費]

ところが、ストレスが溜まっているからと言って暴飲暴食をしたり、使わないようなダイエットグッズを衝動的に購入したりするのは、単なる「浪費」となってしまうのです。

お金を正しく使うのは意外と簡単です。

まずは、「浪費」を減らして「投資」を増やしていくこと。

お金を払って得るものの「本当の価値」を判断して使うだけで、お金は正しく使われていき、そして増えていくのです。

お金で買える時間、買えない時間

How to spend
a small sum of money

お金の「浪費」を減らし、「投資」を増やしていく。

これはお金の使い方に限った話ではありません。時間の使い方についても、同じことが言えます。

たとえば、海外に旅行や出張で行く場合、ほとんどの人が飛行機に乗って移動すると思います。世界一周クルーズ旅行のような場合は別ですが、船で行けば10万円ですむところでも、早く着く、という理由で20万円かかっても私たちは飛行機を使います。10万円多く払ってでも、休暇という「時間」を楽しみたいからです。

こういう時間の使い方にも、「投資」「消費」「浪費」があります。

先ほどの例で言うと、英会話の勉強や、健康のためのスポーツをしている時間は投資になるでしょう。

一方で、休みの日にゴロ寝ばかりしていたり、夜中まで飲み歩いているようなことは時間の浪費になってしまうのです。

お金と同じくらい時間が重要だと思う理由は、浪費している時間をお金に換えることができるからです。

ゴロ寝をしている時間でアルバイトをすれば、時給1000円にはなるでしょう。テレビを見ている時間を勉強にあてれば、数年後にはスキルアップができて年収も上がるでしょう。

飲み歩いている時間に仕事をすれば、収入もアップするでしょう。

このような無駄な時間を減らすだけで、収入につながってくるのです。

そして、時間は、お金という対価を払って買うこともできるのが特徴です。

たとえば、家事代行サービスは、自分自身の時間を得るために、家事を他人に依頼します。これは1時間数千円を払って、自分の時間を買っている、というふうな見方もできるのです。

一方で、世の中には「お金で買えない時間」もあります。どんなにお金を積んでも短縮することのできない時間です。

睡眠などは代表的な「お金で買えない時間」でしょう。

食事や運動、また勉強もそうでしょう。これらは、お金を支払って他人に依頼することができません。疲れをとりたければ十分な睡眠が必要ですし、スポーツ選手が毎日5分間しか練習しなかったら、すぐに衰えてしまうでしょう。勉強にしても、試験前日の一夜漬けに効果がないことは、誰もが実感していることと思います。

お金を払うことで解決できる時間の浪費を減らし、その空《あ》いた時間を投資に回すと、自然と自己成長し、お金も回ってくるのです。

たとえば、新幹線に乗ることによって帰宅時間を1時間短縮できたとしたら、その1時間を勉強に費やす。あるいはジムで1時間汗を流す。

こうして「お金で買えない時間」を充実させていけば、身体的にも精神的にも豊かになっていくのです。

これで衝動買いはなくなる！

How to spend
a small sum of money

浪費を減らすよい方法があります。

それは「欲しいものと必要なものを区別する」という方法です。

私たちは、新しいものやカッコイイものを見ると、それが欲しくなり、所有欲がわき上がります。

でも、その「欲しいもの」がほんとうに「必要なもの」であるかどうかは、また別の話です。所有欲が高まっているときは、なんでも「必要なもの」と思いがちです。


そこで欲しいものを見つけたら、私はまずメモをするようにします。

その時点では買わずに1度だけ我慢をするのです。

そして、1週間だけそのまま待ってみる。

1週間経っても欲しい気持ちに変わりがなければ、それは「必要なもの」と考えて

無駄な出費を減らす方法

欲しいものを見つけた!

↓

STEP 1
その場では買わずにメモをする

↓

STEP 2
1週間待つ

↓

STEP 3
まだ欲しければ→買う
欲しい気持ちがなくなれば→買わない

購入するようにしますが、1週間経って欲しい気持ちが少しでも薄らいでいるようなら、それはただの「欲しいもの」だったのです。

これだけで、衝動買いの大半を抑えることができ、無駄な「浪費」を減らすととても良い効果が出てくるのです。

「お金の地図」としての家計簿づくり

日常の小さなお金をコントロールすることで、生涯の中で使う額が相当変わることがわかっていただけたと思います。そこで、日々のお金を管理しようと思うなら、やはり家計簿の存在を欠かすわけにはいかないでしょう。

私たちは家計簿に対して、どんなイメージを持っているでしょうか。

「家計簿なんて倹約家の人や主婦がつけるもので、自分には関係ない」

「家計簿をつけると貧乏性になりそう」

「つけたところでお金が増えるわけではない」

そんな否定的な意見や、「面倒くさい」とか「みみっちい」という印象もあるでしょう。

しかし、私が実際つけている家計簿は、5円10円のお金を細かく計算していくような面倒くさいものではありません。そのような家計簿をつけるのは、私自身面倒で大変なことだと感じますし、なによりも長続きするのが難しくなってしまいます。

私の考える家計簿の役割は、生涯のライフスタイルにおける現在地を示す**「お金の地図」です。**

私たちはドライブや旅行に行くとき、必ず地図を見ます。それは、自分の向かう先、そして自分の現在地を確認し、進んでいくために必要だからです。

地図はドライブや旅行にだけ必要なのではなく、私たち自身の人生においても、お金の進む道を把握するためにとても重要なものです。

お金の地図を見て、自分は現在どこにいるのか、そして将来どうなりたいのか、という未来予想図の地図を作っていく必要があるのです。

私たちは、家計簿で記録をしないと、先月使ったお金を振り返っても、かなりの額のお金が何に使われたか、わからないと思います。

家賃や住宅ローンの返済、クレジットカードの支払い、保険など、大きなお金は通帳から引き落とされることが多いので明確になりますが、現金などは把握しづらいものです。

たとえば通帳を見てみると、月初めに5万円引き出しているけれど、月末までに何に使ったか覚えている人は数少ないと思います。

こういう「使途不明金」が増えてくると、徐々にお金の生活習慣病になってしまいます。

そうならないために行うこと、それがお金の履歴をつけるということです。

毎日使ったお金を記録するという従来通りの家計簿でもいいですが、日々レシートを集めて、毎日計算しているのでは、大変な作業で続けることが難しいと思います。

私が行っているのは、誰にでもできる簡単な家計簿を毎月つけるということです。

毎月といっても、やることは月末に1度行うだけです。

収入と支出に関しては、比較的簡単ですので、ぜひ今日から行ってみて下さい。

まずは、クリアファイルなどで10個の分別できるボックスを作ります。

お金を使った際にレシートをもらい、そこに毎日放り込んでいきます。

項目は、おおざっぱに分けた以下のような10項目で十分です。

□住居費
□食費
□交際費・レジャー費
□水道光熱費・通信費
□教育費・自己投資
□衣服費・理美容費
□保険料
□税金（所得税・住民税・社会保険・雇用保険）

□車関連費（ローン・駐車場・ガソリン）
□その他

この項目毎《ごと》に、ボックスにレシートをためていき、月末に集計をするだけなのです。

その集計というのも、1円単位まで行う必要はありません。

1万円未満はすべて四捨五入で十分です。

小さなお金を、大きな視野で把握するためのものなので、今月は食費が5万円かかった、水道光熱費が3万円かかった、というようなざっくりとした数字を把握できれば十分なのです。

この家計簿を毎月つけ、自分の使ったお金を大きく見て、流れを俯瞰《ふかん》していきます。

そうすると、自分が何にお金を使っているのか大きく把握できるようになります。

小さなお金がまとまって少し大きな単位となったとき、どこを削《けず》ればいいか、がはっきりわかります。

たとえば、住居費の比率が高いのであれば家賃を削ればいいですし、水道光熱費・

通信費が多いのであればそこを削ればよい、というのがわかるのです。

住居費、食費、通信費、衣服費、というのは比較的簡単に削ることができます。

お金がないないと言って、何に使っているかわからないようであれば、まずは自分自身の現在を、家計簿によって見つめ直すようにしましょう。

この家計簿が教えてくれるのは「それぞれのお金はどこに流れて行くのか？」という、お金の流れ、お金の行き先です。

そして、お金の流れを俯瞰で見られるようになれば、自分がどこにいるのかもわかりますし、もっと早く、もっと確実に目的地にたどり着くための近道も見えてくるのです。

お金の履歴をつけよう

レシートを入れるだけ!

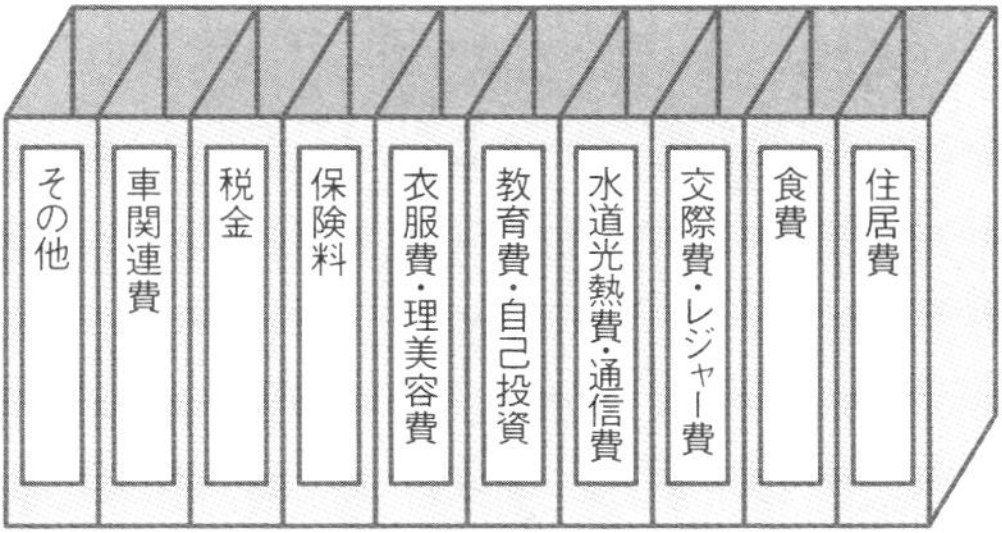

1ヵ月後にざっくり計算
（1万円未満は四捨五入）

続けていくと、
あなたの「お金の地図」ができる!

家計簿は「お金の通信簿」と考える

この家計簿は、企業の財務諸表でたとえると、「損益計算書」となります。

企業では、どれだけの売上げがあがったか、どれだけの経費がかかったか、ということを毎月必ず把握しています。

「損益計算書」は将来会社を安定し成長させるために、利益はどのくらい出ているか、赤字になっていないか、無駄なお金を使ってはいないか、などを把握するものです。会社でも役員や部長クラスの人は、必ず毎月数字を見ていることでしょう。

でも、自分自身の家計になると、毎月把握している人が少ないのが現状です。

企業も個人も、お金の問題を抱えているのは同じです。お金の問題は必ず長期的に考える必要があるのに、なぜか自分自身のことになると、おろそかになってしまうようです。

本来一番重要なはずのお金のことを自分で考えなくなってしまうのです。

これはおそらく、誰からも強制されなかったり、義務感がなかったりするのが原因かと思いますが、将来の自分を支えられるのは、国でもありませんし、会社でもありません。やはり私たち自身が将来の自分に責任を持って、経済的な苦労をしないように、今から準備していく必要があると思うのです。

まず、損益計算書とは何かを、知りましょう。

企業での損益計算書は、わかりやすく言いますと、**「収入－支出」**ということです。もっとわかりやすく言うと、**「売上げ－経費」**をあらわす表のことを言います。

一定の期間でどれくらい儲かったか（または損をしたか）を計算する財務諸表を損益計算書といいます。企業の経営成績を表す「経営の通信簿」だと考えるとわかりやすいでしょう。

企業で使われる実際の損益計算書には、さらに細かな会計上のルールがいくつかあるのですが、本書は会計を学ぶための本ではありませんので、難しい話は割愛《かつあい》します。

個人の場合は、企業の会計とは違いますから、もっとシンプルに考えましょう。

まず、個人の損益計算書は、企業のと同じく**「収入ー支出」**を表します。さらにわかりやすく言いますと、**「入ってきたお金ー使ったお金」**を表すのです。

使ったお金は、細かく分類せず、前項の家計簿に出てきた10項目に分けるだけで十分です。

これらを全収入から引いていくわけですが、収入とは、給与や賞与、資産を持っている人は株や不動産などからの収入、配当などのことを指します。

仮に給与が手取り30万円だとして、支出の合計が28万円になるとします。損益計算書上ではプラス2万円で、この2万円を貯金していることがわかります。

これは前章でお伝えしましたが、私は貯蓄の目安について「収入の2割」というルールを自分自身に作っています。月収20万円なら毎月4万円、月収50万円なら毎月10万円、月収100万円なら毎月20万円です。

2割の貯蓄ができない場合、ここから、どうやって支出をカットしていくか考えるのですが、多くの人が真っ先に思い浮かべるのは、食費や交際費を削ることで支出を切り詰めようとします。

でも、これはあまりよい方法とは言えません。

これは企業経営でも同じですが、もっと簡単で確実なコストカット策があります。それは、「固定費」を減らすことです。

固定費とは、毎月決まって出ていくお金のこと。私たちの固定費で大きなものは、家賃や保険などがあります。

たとえば、家賃20万円の部屋に住んでいたのを、10万円の部屋に引っ越す。これだけで、確実に毎月10万円のコストカットが可能になります。

一方、食費や交際費などの「変動費」を減らすのは、簡単そうに見えながら、継続させるのはなかなか難しいものです。

たとえば、食事にしても質を下げるのは大変なことですし、あまり下げすぎると、楽しいライフスタイルは送れません（ただし借金をして楽しむほど生活の質を上げている人は、まずその生活の質を下げることが最も有効な対応策になります）。

他にも、同僚や親類の結婚が重なって、イレギュラーな出費が重なることがあります。これらは避けられるものでも予測できるものでもありません。毎月確実にコストカットするなら、変動費だけに頼らず、固定費のカットを考えるべきでしょう。

その他、食費の割合が高すぎるとか、衣服費・理美容費を使いすぎているとか、損益計算書から自分の特徴がわかってきます。

損益計算書という「お金の通信簿」によって、自分の成績をチェックしてみましょう。

損益計算書(P/L)

1ヶ月に1度行う。

	1月	2月	3月	4月	…
■収入の部					
給与収入	30	31	33	30	
証券収入	2	0	5	−1	
不動産収入	0	0	0	0	
その他収入	0	0	1	0	
収入合計(A) 増減(%)	32 (0)	31 (−3)	39 (+25)	29 (−26)	
■支出の部					
□住居費	8	8	8	8	
□食費	5	8	7	4	
□交際費・レジャー費	3	2	2	3	
□水道光熱費・通信費	2	2	2	2	
□教育費・自己投資	1	2	3	3	
□衣服費・理美容費	5	2	0	5	
□保険料	1	1	1	1	
□税金 (所得税・住民税・社会保険・雇用保険)	3	3	3	3	
□車関連費 (ローン・駐車場・ガソリン)	0	0	0	0	
□その他	1	4	2	0	
支出合計(B) 増減(%)	29 (0)	32 (+10)	28 (−13)	29 (+3)	
■純収入					
□純収入計(C)	3	−1	11	0	

収入(A)−支出(B)=純収入(C)

「何に使ったかわからないお金」を減らす方法

How to spend
a small sum of money

何に使ったかわからないお金がたくさんあったり、レシートを集めるのが大変な人におすすめなのが、クレジットカードを使うことです。

お金を貯めるのに、クレジットカードは不向きだという方もいるようですが、私はクレジットカードは、利用明細がすべて残るので、お金を管理する上でとても便利なものだと思います。

もちろん、お金がないからと言って、分割払いやリボ払い、そしてキャッシングをするようでは使わない方がいいでしょう。

日々の小さなお金からクレジットカードを使い、利用明細を記録することで、お金の使い途《みち》を正確に把握できるのです。

お金の階段は一方通行

How to spend
a small sum of money

家計簿を何ヵ月もつけていくと、お金を「稼ぐこと」と「使うこと」の関係がわかり、**なぜ小さいお金のコントロールが重要なのか**、が実感できるようになるはずです。

ここではわかりやすく、時給制のアルバイトを例に考えてみましょう。

コンビニエンスストアの店員として、時給９００円で８時間アルバイトしたとします。日給は合計７２００円となり、その日のうちに手渡しで受けとりました。

８時間も立ちっぱなしで働いたあなたは、疲れを癒すために友達と居酒屋にお酒を飲みに行きます。２時間ほどワインを飲んで、会計は１人５０００円。終電を乗り過ごしてしまったのでタクシーで帰ったら、タクシー代が２５００円。もうその日の日給分をオーバーしてしまいました。

稼ぐには、８時間かかるお金。

しかし、そのお金を使い切るのは数時間もあれば十分で、買い物なら5分足らずで使い切ってしまいます。

では、1時間で7200円稼ぐことができるかといえば、同じ仕事では不可能です。稼ごうと思ったら「時給900円」という階段を、1段ずつ、1時間ずつ、確実に上っていく以外にありません。

そして使うときには、崖から飛び降りるように一気に落ちる。

働いて稼ぐお金の階段は、いつも一方通行なのです。

だから時給900円の人が10万円のバッグを買うときは、2週間（7200円×14日＝10万800円）かけて上った、かなり大きな階段から飛び降りることになります。

お金を稼ぐというのは「階段を1段ずつ上ること」、お金を使うというのは「一気に飛び降りること」、この2つの連続が私たちの経済活動なのです。

わかりやすくアルバイトの例をあげましたが、多くの人は、額の上下はあるにしても、年収÷労働時間で算出された時給単価という階段を1段ずつ上っているのには変

お金の階段は一方通行

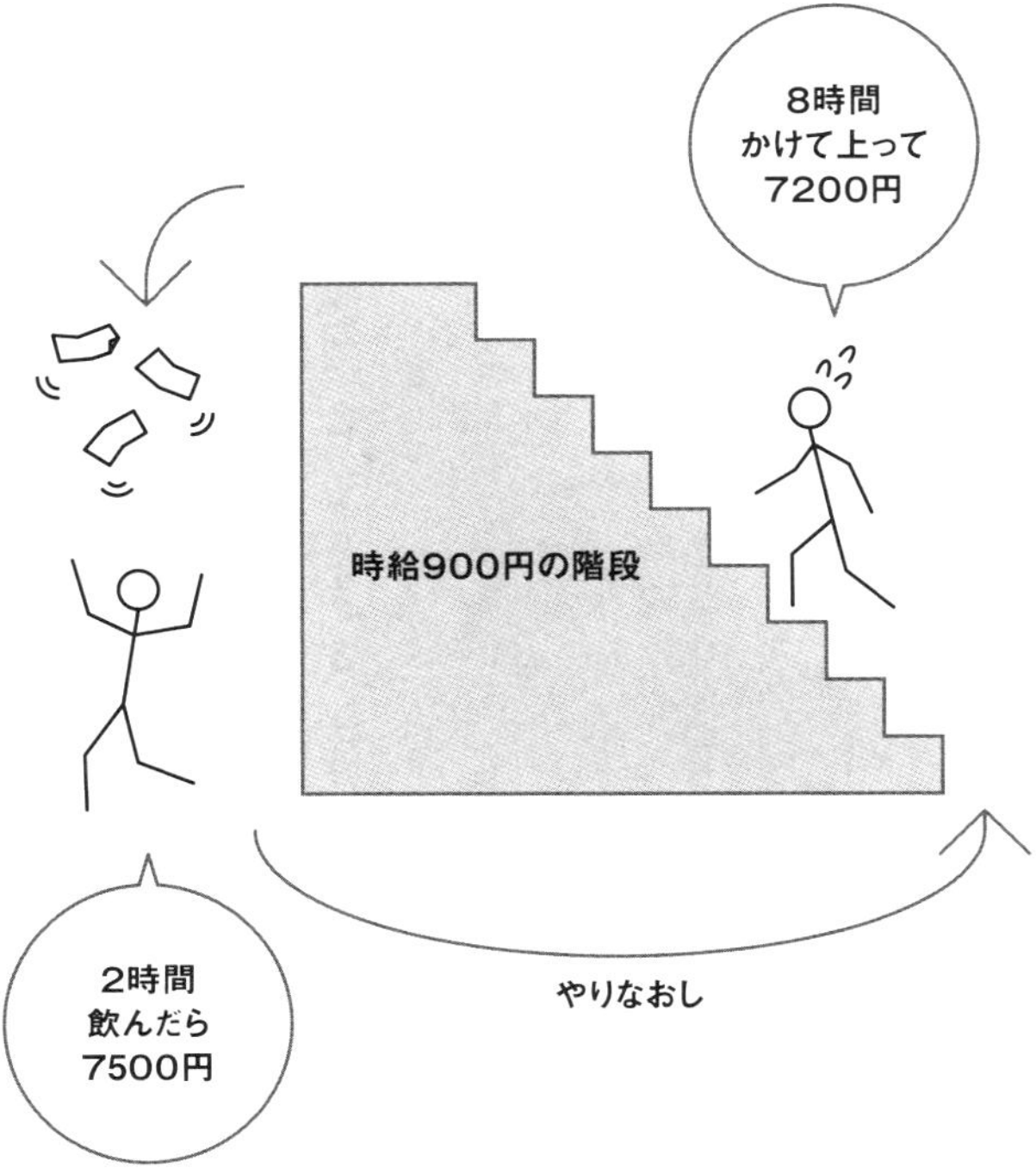
8時間
かけて上って
7200円
時給900円の階段
2時間
飲んだら
7500円
やりなおし

わりはありません。

自分の年収と労働時間から、私たち自身の「時給」を割り出してみましょう。

年収500万円、1日の労働時間8時間、年間勤務日数250日の人の時給は、2500円です。

収入を得るための通勤時間も労働時間に含めるとすると、往復2時間かかる人は、時給2000円。

年収1000万円でも、1日14時間、年間300日働いていれば、時給は2380円にしかならないのです。

この数値を把握した上で、お金を使うとき、とくに大きめの買い物をするときには、それが時給にして何時間分、日給にして何日分になるのかよく考えてみましょう。

もしかしたらお金の階段から「飛び降りること」を思いとどまって、そのまま「階段を上ること」を選択するようになるかもしれません。

第3章

お金の使い方〈大きなお金編〉

「一生に一度の買い物」が一番の無駄になっていないか？

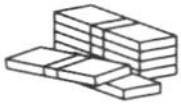

「大きなお金」とは、マイホームなどの不動産、車、保険などの100万円以上のものを指します。普段財布に入れて使う額ではない、このような高額の買い物は、頻繁に使わない額である分、感情に流されやすく、大きなミスを起こしかねない危険もあります。

大きな額の買い物をする際に、注意すべきことは3つあります。

①絶対額で考える、ということ。

例えば、スーパーでは割引になっているものしか買わない人が、車やマイホームを買うときは、定価で買ってしまうということです。

スーパーで300円のお総菜を1割引で買うと30円の割引にしかなりませんが、4

０００万円のマイホームを１割引にすると４００万円も下がるのです。大きなお金では割引率が同じでも、動く絶対額が違います。

マイホームの購入費用４０００万円を１割削減するだけで、年収に匹敵するほどのお金が節約できるのです。

このスケールによるメリットはとても大きく、逆にマイホームを買うときに失敗をしてしまうと、大きな損失が出てしまう原因にもなります。

しかも、私たちのほとんどは不動産の購入や数千万円単位のお金を使うことが初めての体験なので、不慣れもあって失敗しやすいのです。

マイホームに代表される「大きなお金の使い方」は、あらかじめ知識として知っておくだけで、大きなメリットを享受《きょうじゅ》できます。

②支払総額で考える、ということ。

これは、保険を例に、この後お伝えいたします。

③本当の価値を見極める、ということ。

これはとても重要です。特にマイホームの価格は、あまり家を見慣れていない人ほど、わかりづらいものです。

同じ物が2つとない不動産だからこそ、正確な価値がわからず、スーパーでは10円単位まで安いか高いかを判断できる人でも、マイホームになると、数百万〜数千万円も高い買い物をしてしまう人が多いのが現実です。

これもこの後で詳しくお伝えいたします。

保険はマイホームの次に高額な買い物である

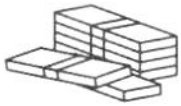

How to spend
a large sum of money

多くの人にとって、**一番簡単に無駄をカットしやすい「大きなお金」は保険です。**

そもそも、大きなお金や大きな出費と言って、真っ先に保険を思い浮かべる人は少ないのではないでしょうか。営業の女性が優しくしてくれたからとか、付き合いで入ってしまった、というくらい軽く考えられているのが保険の怖いところです。

たとえば、生命保険のことを私たちは「月額3万円の保険」と勘違いしてしまいがちです。

でも実際には3万円の保険商品を買っているのではないのです。

たとえば、25歳から「月額3万円」の終身保険に加入したとします。年額36万円です。この保険料を80歳まで払い続けたとしたら、36万円×55年＝1980万円ということになります。

つまり、この終身保険は価格約２０００万円の買い物で、加入者である私たちはそれを「月額３万円」で分割払いしているだけなのです。

そう考えると、生命保険で加入時の年齢が上がるほど月々の支払いが高くなっていく理由もわかります。80歳まで加入するのであれば、25歳からなら55年間の分割払い、40歳からなら40年間の分割払い、となっているのです（正確には年齢によって保険料も若干異なります）。

このカラクリを理解しないまま生命保険に加入するのは、かなり危険な行為です。生命保険で将来が守られる前に、保険料の支払いによって自分自身の家計が圧迫されてしまうことになりかねません。

たとえば、付き合いで車を買う人はほとんどいません。

車のカタログを取り寄せ、カー情報誌を読みあさり、ショールームに足を運び、実際に試乗して、ローン返済のシミュレーションをして、ようやく購入を決意する。何百万円もする買い物なのですから、当たり前の話です。

それが保険になると、車より高額で、2000万円もする買い物なのに、あまり深く考えず付き合いでハンコを押してしまいます。

「なんだ、月に1万円でいいのか」と加入してしまい、よくわからないまま「なんとなく安心だし、保険屋さんもこれがいいと言ってるし」と納得してしまいます。

さらには、心配だからと言って、いくつも同時に保険に加入している人も多いくらいなのです。

「保険とはマイホームの次に高額な買い物である」

という事実を頭に入れて、保険のプランを一度考え直してみることを強くおすすめいたします。

生命保険はほんとうに必要か？

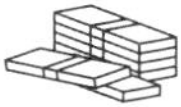

How to spend
a large sum of money

生命保険に加入する際、自分の身に何かあったときに必要な額の予測をしたことはありますか？

特に結婚したり子どもが生まれたりすると、一家の大黒柱である男性は高額の生命保険に加入することが多くなります。1億円を超える生命保険に加入している人も、決して少なくないでしょう。

でも、実際に一家の大黒柱が亡くなった際に1億円も必要でしょうか？

家族には苦労をかけたくない、という方も多いでしょう。

でも1億円もの保険に加入するために、毎月かける保険料が増え、普段の生活費を切り詰めて生活することのほうが、実は苦労しているということもあるのです。

では、どうしてみなそれほど高額な生命保険に加入するのでしょうか？

住宅ローンが心配なのでしょうか？
残された家族の生活が心配なのでしょうか？
それとも、なにか見えない不安からでしょうか？

まず、住宅ローンの不安についてみてみましょう。私たちが住宅ローンを組む際に、ほぼ自動的に「団体信用生命保険（団信）」という保険に加入させられます。

この保険は、住宅ローンを借りている契約者が死亡した場合には保険金によってローン残高が全額返済される、という保険です。ですから、住宅ローンを組んで、団信に入っていれば、「自分がいなくなったら住宅ローンが払えなくなる」と心配する必要はありません。さらには、家賃を払わず、今のマイホームに住み続けることができるので、家賃がかからない分、だいぶ経済的に楽な生活ができるはずです。

続いて、残された家族の生活費ですが、これも1億円を超えるような金額が必要かどうか、もっと冷静に考えるべきではないかと思います。

少なくともマイホームを持っていれば、団信によって住宅ローンは全額返済され住居費はゼロになります。住むところがタダであれば、贅沢をしなければ月に15万〜20万円もあれば十分に生活していけるでしょう。また会社員だった夫が亡くなった場合には、遺族年金が月に約15万円支給されます（夫の年収５００万円、母１人、未成年の子２人の場合。２００８年）。

そして仮にお母さんが働くことが難しく、母子家庭として生活保護を受けると、およそ月額13〜16万円程度支給されるということです（２００８年）。以上のことから考えても、「残された家族が路頭に迷う」というような確率は、限りなく低いのです（詳しくは市町村へ確認して下さい）。

そしてもう１つ重要なのが、確率の問題です。

たとえば30歳の健康な男性が、向こう10年間のうちに命を落とす確率はどれくらいあるのでしょうか。厚生労働省が５年おきに発表している「完全生命表」（２００５年）を参考に考えてみましょう。

まず、30歳男性の生存数は10万人中９万８６３６人。一方、40歳男性の生存数は10万人中９万７６７６人。10年間の間に命を落とす人は、10万人中９６０人。つまり、

30歳男性が今後10年で死亡する確率は、０・００９６、つまり０・96％ということになります。

その０・96％の死亡する確率のため、高額な保険料を支払っているのです。例えば、某保険会社で、30歳の男性が１億円の保険契約をした場合、毎月４万円、年間約48万円の保険料を支払う必要があります。40歳までに死亡する確率０・96％に対して、10年間で４８０万円もの保険料を支払っているのが現状です。

それよりも、毎月そのお金を貯蓄したり、資産運用で増やした方が安定した生活が送れるのではないでしょうか。

仮に年利５％で複利で運用した場合、10年後には６３４万円にまで増えています。８％で運用すれば７５１万円となり、さらに資産は増えているのです。

これは年数が長ければ長いほど、大きな差が出てきます。30年間でみると、毎月４万円ずつを年利５％で資産運用した場合、３３４９万円にもなっているのです。

もちろん、いざという場合を考えて「０・96％でも可能性がある限り、加入したほうがいい」という考え方もあるでしょう。

ただその場合でも、１億円を超えるような高額な生命保険に加入する必要はなく、本当に生活に必要な最低額で十分だと思います。

生命保険より損害保険の方が重要な理由

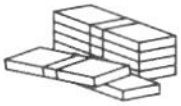

そもそも保険とは、なにか不慮の出来事に襲われたとき、自分や家族を守るための制度です。たとえば医療保険などは、その代表格でしょう。

民間の保険会社が販売・運営する保険は、大きくは生命保険と損害保険とに分けられます。

では、生命保険と損害保険のどちらが大切なのか、もっと具体的に、死亡保障の生命保険と自動車保険のどちらが大切かという話になると、その損害の大きさと、支払う保険料との比較となると思います。

たとえば、**自動車で対人事故を起こしたときの損害賠償責任は、上限が予測できません。**相手や被害の程度によっては、何億円という賠償責任が発生する可能性も十分考えられます。

一方、自分が病気などで死んでしまったときのリスクについては、計算可能です。

家族構成や保有している資産などを踏まえてしっかりと計算すれば、「これだけあれば大丈夫」という数字がわかります。

以上のことから、損害の上限が予測できない自動車保険では、対人賠償を「無制限」、対物賠償も「無制限」にしておくのがベストでしょう。

この額を補償する保険に加入すると、車の種類や運転者の年齢によっても違いますが、某保険会社では年間5万円程度です。

小さな事故までを考えると、30代で死亡する確率とは比較できないほど高い確率で起こる交通事故。その補償が、年間5万円で補えると考えれば、とても安いと考えられます。

保険に入る基準は、ＰＭＬ（Probable Maximum Loss）という「予想最大損失率」を考えて加入すべきでしょう。

たとえば、先ほどの例で言えば、30代で死亡して家族が困る確率は、０・96％。

その０・96％のリスクに対して、10年間で４８０万円もの保険料を支払うことが、費用対効果として良いかどうかを見極める必要があります。

一方で、社団法人日本損害保険協会が２００６年に発表した人身事故・物損事故のデータからみると、年間の人身事故は１３４万件、物損事故は７０６万件起こっているのです。

財団法人自動車検査登録情報協会によると、２００６年の自動車保有台数は７５６５万台、これに対して、物損事故だけでも、９・３％の確率で、事故が起きていることになります。

０・96％の死亡するリスクに対して、必要以上の１億円を受け取るために、年間48万円を支払う生命保険。

一方で、９・３％の確率で事故が起き、その事故被害額が見えない自動車保険に対して払う額が年間５万円。

どちらが重要な保険かが、ＰＭＬと保険額を比較すると、一目でわかるようになるのです。

マイホームは買った方が得か？借りた方が得か？

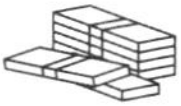
How to spend a large sum of money

次は、人生で最も大きな買い物であるマイホーム、不動産について考えていきましょう。

ある程度のお金が貯まってくると、よい住《す》み家《か》が欲しくなってくる人は多いと思いますが、その時に正しい知識がないと、長期的に見て大きな損失を被ってしまいます。

この不動産に対する知性を磨くだけでも、生涯にわたり数千万円もの違いが出てくるのです。

「マイホームは買うべきなのか、それとも借りるべきか？」

これは誰もが一度は考える問題だと思います。

ですが、自信を持って「これだ！」という答えを出せる人、その理由を理路整然と説明できる人は住宅の専門家でもほとんどいないのが現状です。多くの場合結論としては、「それぞれの価値観、人生観によって変わる」とか「稼ぎや家族構成によって違ってくる」という話になってしまいます。

マイホーム選びの難しさは、「住んでみないとわからない」という点にあります。そのマイホームが「いい買い物かどうか」なんて、実際に住んでみないとわかりません。深夜の騒音がうるさかったとか、お隣さんとソリが合わないとか、町内会の規則が厳しいとか、住んでみてはじめてわかる話もたくさんあります。

また、同じマンションの隣り部屋であっても、それを「いい買い物だった」と満足する人もいれば、「買ったのは大失敗だった」と後悔する人もいます。つまり、マイホームを「いい／悪い」という感情で論じている限り、いつまでも答えは出ないのです。

感情の部分は人それぞれですので、本書ではお金の教養を高めるという観点から、数値に視点を置いて、不動産を見ていきたいと思います。

マイホームを選んでいるときに必ず出てくるのが、「広々としたキッチンが気持ちいいから」とか「ベランダからの眺めが最高だから」といった印象的判断の部分です。確かにこれはとても重要なことですが、まずは数値を見た後に判断しても、悪くはないのではないでしょうか。

では、具体的にどの数値を見ていけばいいのでしょうか。ポイントは2つです。

①利回り……物件価格は家賃の200倍以内か？
②資産価値……30年後にどれくらいの価値があるか？

利回りや資産価値というと、難しい話のようですが、そんなことはありません。極めてシンプルな話ですので、順を追ってお伝えしていきます。

マイホーム選びのポイント①
物件価格は家賃の２００倍以内か？

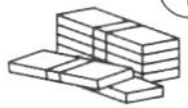

How to spend
a large sum of money

この評価基準は単純明快です。

不動産の価格を、その物件に賃貸で住んだ場合（もしくは貸した場合）の賃料と比較して、「買ったが得か？ 借りたが得か？」を判断するというものです。

たとえば、自分が購入したいマンションが４５００万円だったとします。これだけでは安いのか高いのか判断がつきません。比べるとしても、近隣の同じ広さのマンションが、４０００万円だったら安いな、５０００万円だったら高いな、というような曖昧な基準しかありません。

そこで数値に基づいて判断するために、同等のマンションの家賃相場を調べます。最寄り駅や間取り、駅からの距離などがわかれば、住宅情報誌やインターネットで家賃相場は簡単に調べることが可能ですし、近隣マンションが賃貸に出されていたら、その家賃を参考にするのもいいでしょう。

たとえば、購入しようとしている4500万円のマンションが、同じ条件での家賃相場でちょうど20万円だったとしましょう。

買ったら4500万円。借りたら毎月20万円。

このどちらが得かを考えるとき、基準となる数字が「200倍」です。

マンションの販売価格が、家賃の200倍以内であれば、その物件は「買ったほうが得」で、200倍以上であれば、「借りたほうが得」になります。

ちなみにこの物件の場合、20万円×200＝4000万円なので、4500万円というのは少し高い価格設定ということになります。

なぜ「家賃の200倍以内」が基準となるのか、簡単にお伝えいたします。

これはわたしが「利回り6％の法則」と呼んでいるもので、不動産投資の経験則から導き出した基準です。

利回りとは、物件価格にたいして、家賃収入がどれくらいあるか、という数値のことを言います。たとえば、1000万円の物件を買って、年間家賃収入が100万円

あるとすれば、利回り10％。（100万円÷1000万円×100）

家賃収入が50万円しかなければ利回り5％というように、利回りの数値で、その物件の収益性を判断したり、高いか、安いかを判断するのです。

米国から始まったこの考え方は、世界中の投資家に普及しました。今では日本でも一般的となり、不動産を販売したり、投資をする人たちは必ず見ている数値なのです。

その利回りという数値は、マイホームを購入する私たちも必ず見る必要があります。

それは利回りで、不動産の本来の価値が明確にわかるからなのです。

一般的に新築マンションなどの利回りは、3〜4％前後となっています。一方で築1年になれば、価格が大幅に下がるので、利回りは5〜6％にもなるのです。中古になればもっと高い利回りの不動産もたくさんあります。利回りが高くなるということは、物件価格が下がることを示しているのです。

たとえば、5000万円で売られている相場家賃20万円の物件があったとします。年間家賃収入は、20万円×12ヵ月＝240万円です。

このとき、利回りは、

▽240万円（家賃収入）÷5000万円（投資金額）＝4・8％（利回り）

ということになります。

では、この物件が4500万円まで下がったとしたら、

▽240万円（家賃収入）÷4500万円（投資金額）＝5・3％（利回り）

となります。

4000万円まで下がったら、

▽240万円（家賃収入）÷4000万円（投資金額）＝6％（利回り）

となり、この基準が家賃の200倍（20万円×200＝4000万円）となっているのです。

この額で購入するのであれば、家賃と比べて、それほど高いものではありません。

買い物は安いに越したことはありませんが、まずはこの家賃200倍の法則に物件価格が収まるかを判断基準にしましょう。

でも、200倍の基準に収まっているからといって、必ず購入して良いわけではありません。もう1つの基準は、将来の資産価値です。

マイホーム選びのポイント②
30年後でも資産価値があるか？

How to spend
a large sum of money

「資産価値」という言葉を聞いても、ピンと来ない方も多いと思います。資産価値とは、その不動産の持つ本来の価値のことを言います。

たとえば、５０００万円で買ったマンションの資産価値はいくらでしょうか？

答えは、「５０００万円」ではありません。そのマンションを「売却できる価格」が、そのマンションの本当の資産価値となります。

新築マンションを買っていれば、すぐ売りに出したとしても、中古として扱われてしまうため、４０００万円になっているかもしれません。一方で30年も昔に安く購入した物件が、現在１億円の価値があるかもしれません。

今の時点で売却可能な価格、それがそのマンションの資産価値となるのです。

では、なぜ資産価値を見るのでしょうか。

それは、不動産の本当の価値を把握するためです。

株であれば、日々値動きはしていますが、いつも明確に値がついています。かなり大量の株を持っていない限り、ほとんど数日で売却でき、その価格が日々明確にわかります。

ただし不動産の場合には、本来の価格がわかりづらいのです。実際に売りに出して、買い手がついて初めてその価格となるのです。

不動産の現在価値について、具体的な例をお伝えいたします。

東京都内の不動産の価格変動を書いた『東京マンション資産価値予測DATABOOK』（山崎隆著／ダイヤモンド社／2008年）という書籍によると、そのエリアによって、不動産の値下がり率は大きく異なります。

たとえば、人気の高い城南地区（世田谷区、目黒区、渋谷区、品川区等）の不動産は、新築時の価格を100とすると、30年経った同等の中古不動産の価値が75（30年間で25％の価格下落）となります。

一方で、それほど人気の高くない東京都下の不動産では、30年経った中古不動産の価値が37（30年で63％の価格下落）となっているのです。

私たちが不動産を購入することで、大きく資産をなくす人と、増やす人（もしくは維持する人）の分かれ目はここにあります。

たとえば、「都心のマンションは高いから買えない」という理由で、通勤に1時間以上かかるエリアにマンションを買おうと検討するとします。

人気エリアでは5000万円するから買えないけれども、都下であれば4000万円だから購入できるというケースです。

この場合、購入する際の額は、5000万円対4000万円で、1000万円の差が出てくるのは誰もが考えることです。少しでも安く、広い家に住みたいという気持ちは、私たちは必ず持っているからです。1000万円安くなる上に、広い家と、自然に囲まれた生活をするのは、だれもが憧れることだと思います。

では、そのマンションの住宅ローンを払い続け、30年経ったとしましょう。

お金に目を向けると、その時のそれぞれの資産価値がとても重要になってきます。

仮に物価が変わらなかったとしても、都下の４０００万円のマンションは、30年後は37%しか価値が残っていません。つまりそのマンションの価値は１４８０万円になっているのです。

一方で、少し高いけれども人気のある地区に５０００万円で購入したマンションは、30年経っても75%の価値が残っているので、資産価値は３７５０万円も残っています。

これを30年間の住宅コストで見ると、明らかに差がわかります。

都下に購入した場合には、30年間で２５２０万円（４０００万円−１４８０万円）の住宅コストがかかっています。毎年の住宅コストが84万円、月にすると7万円となります。

30年後の資産価値を考える

都下の広い物件

人気地区の物件

30年後の資産価値は
2270万円も違う!

30年間4000万円のローンを払っていたのですが、実際には1480万円の価値しか残っていないものに4000万円のローンを払い続けていたということです。

一方で、人気地区に購入した場合には、30年間で1250万円（5000万円－3750万円）のコストですんでいるのです。月にして3万4000円の住宅コストです。5000万円のローンを払い終わった30年後には、借金のないマンションという3750万円の価値のある資産が手元に残っているのです。

その差額は、2270万円（3750万円－1480万円）にもなりますが、とても大きな額だと思います。

先にも出てきましたが、金融広報中央委員会が毎年発表している「家計の金融行動に関する世論調査」（二人以上世帯）によると、貯蓄をしている世帯の中央値は、892万円となっており、マイホームや不動産価値の知識を持ち、正しくマイホームを購入できれば、貯蓄額の中央値の4・2倍もの資産を作ることが可能なのです。

もちろん、今から30年後の不動産市場は誰にもわかりません。

ただし、購入する額だけにごまかされるのではなく、他人が欲しがる人気エリアで選ぶことで、長期的に住宅コストが軽減し、将来の資産を作ることができるのです。

このように、マイホームを選ぶ基準がわかれば、「マイホームは買った方が得か？借りた方が得か？」という議論ではなく、**買った方が得な物件、借りた方が得な物件、というのが存在する**ということがわかっていただけると思います。

物件価格は家賃の200倍以内で安く購入し、30年後の資産価値の高い物件を選ぶことで、長期的に見ても買った方が得なマイホームとなるのです。

車で「大きなお金」を使う予行演習を

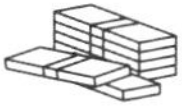

How to spend
a large sum of money

自動車の購入は、大きなお金を使う上でのよいトレーニングとなります。

100万円位から購入できる車は、マイホームや保険よりも安く、しかも車種などから価値も比較的判断しやすく、一生に一度の買い物というわけではないので、ある程度経験もつめるでしょう。

ただし、**自動車も、マイホームなどの不動産と同じく、資産価値を見る必要があります。**

たとえば、300万円のローンを組んで300万円の新車を購入したとしましょう。きっと多くの人が「自分の手元には300万円の車がある」と考えるでしょう。

しかし、自動車は初めて乗った瞬間に、「中古車」になります。そして中古車となった途端に、価値は激減していきます。

ちょうど慣らし運転を終えた1年後の下取り価格は180万円程度となり、実売価格が210万円程度。車種やカラーによって、ここに10万～30万円程度の幅が出る、というのがおおよその相場です。

ローンの支払いが5年間とすると（元利均等払い・金利5％）、月々の支払いは約5万6000円となります。

1年後には、車の資産価値が180万円程度になっているのですが、その時点でこの車のローン残高は245万円も残っているのです。もしその時点で売却するとすれば、それまでに約67万円のローンを支払っているのですが、さらに約65万円もの資産価値がマイナスになり、1年間での自動車保有コストが132万円にもなります。

仮に売却しないとしても、実際に車の資産価値よりも、借金の額の方が多いので、この車を購入した人の純資産は、マイナス65万円になっています。

もし、現金や株などの資産が全くなかったら、債務超過となり、これは持っている資産よりも借金の方が多い状態で、企業で言えば財務状態が相当悪い会社と判断され

自動車ローンと資産価値モデル

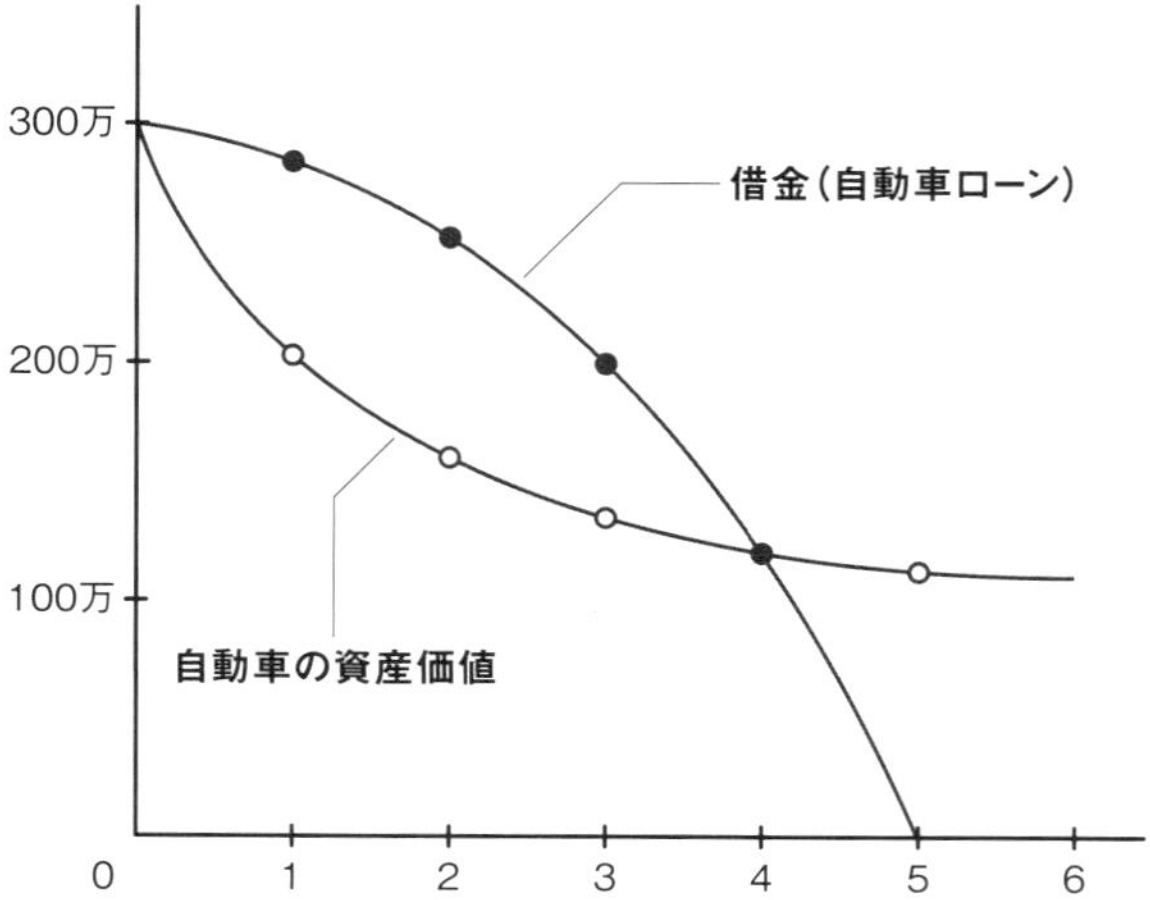

てしまいます。

前頁の表を見ていただくとわかりますが、購入後車の価値は年々下がり続け、借金額よりも、車の資産価値が上回るのは4年目です。この時点で初めて、資産の方が借金より多くなり、健全な状態となるのです。

先にも述べましたが、これは自動車に限った話ではなく、不動産も同じです。新築の不動産も、買った瞬間に価格が崩れ、5000万円で買ったマンションの価値が4500万円になったりします。

もし5000万円の借金を抱えていた場合には、マンションを買った瞬間に500万円の純資産がマイナスの状態からスタートすることになります。

5000万円のマンションを買ったからといって、自分は5000万円分の資産を持っていると考えるのではなく、現在の資産価値を見ていく必要があるのです。

自分の財務諸表を作ろう

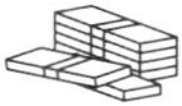

ここで、私たち自身の、資産と借金（負債）、そして純資産（資本）を正しく把握するために、**「貸借《たいしゃく》対照表」**についてお伝えしたいと思います。

小さなお金の扱い方の項では、お金の流れを管理し、お金の生活習慣病を防ぐための家計簿の役目をする**「損益計算書」**を作りました。

これは、日々のお金の流れを把握し、収入以上に使いすぎていないかを見たり、何にいくら使ったかを毎月きちんと把握するために、月1回作成する表でした。

お金を管理する上でもう1つ重要なのが「貸借対照表」です。これは、自分自身が持っている資産、抱えている借金（負債）、そして資産から借金を引いた純資産の額など、あなたの財務状況をすべて明らかにする表なのです。

貸借対照表は毎月作る必要はありませんが、最低でも年に1回、そして可能であれば3ヵ月に1度は作成することをお薦めいたします。

では、この貸借対照表の役割と作り方を見てみましょう。

企業の会計では一般にバランスシートと呼び、資産などを管理している表ですが、個人の家計にもとても重要な役割を示します。

まず将来5000万円の資産を持ってリタイアしたい、という目標があったとします。でもその5000万円は貯金として持っているのか、それとも不動産の資産として持っているのか、それとも株なのかは、現時点ではわかりません。

そして、先ほどの自動車購入の際の純資産の話にもありましたが、資産の額に対して借金はいくらあるのかも、「5000万円の資産を持ちたい」という目標からはわかりません。

もし5000万円の資産を持ってリタイアしたいと言ったら、持っている資産の総額から借金を引いた、純資産が5000万円になることを指すと考えましょう。

資産　＝持っている資産の総額
負債　＝一般的に借金の額
純資産　＝資産から借金を引いた、本来持っている純資産額。会計上は資本という

この貸借対照表は、会計で学ぶととても難しく感じますが、家計で使うのには、シンプルな計算式で十分です。

資産　－　借金　＝　純資産

というシンプルな計算式です。
ただし、注意すべき点が３つあります。

１つ目は、資産は、計算するその時点での価値（＝時価）を数値化すること。
２つ目は、借金は、返さなくてはいけない額すべてを乗せること。

3つ目は、見えない資産も見つけ出すこと。たとえば年金、保険、財形貯蓄等です。

この3つをふまえた上で、自分自身の貸借対照表を作ってみましょう。

まずは資産からです。

□現金
□預金
□株・投資信託・債券・MRF
□投資用不動産
□保険積立金
□マイホーム
□車両
□その他

一般的に資産はこの8項目に分類可能です。

特に注意すべき点は、株や不動産、そして車両などは現在売却していくらで売れるか、という価格を把握するということです。この価格は、同等の不動産を見つけて調べるか、近隣の不動産屋にヒアリングすることで、ある程度正確な価値がわかります。そして、年金、保険、財形貯蓄などは、解約した際に現金化できる額を入れましょう。

その他は、シンプルに通帳残高等を記載するだけで、資産の部は作成できます。

つぎに、借金の部の把握です。

住宅ローン、自動車ローン、その他返さなくてはいけない借金など、すべて把握して、現在いくら残っているかを把握しましょう。金融機関からローンを組んでいる場合には、必ず明細がありますので、それを見て正確に把握しましょう。

ただし、損益計算書を作った際と同じく、1円単位まで把握する必要はありません。1万円未満は四捨五入して、万円単位で把握すれば十分です。

貸借対照表（B/S）

3ヶ月に1度行う。

	3月31日	6月31日	9月31日	12月31日
■資産の部				
□現金	10	5	10	5
□預金	300	330	380	200
□株・投資信託・MRF	300	300	355	235
□投資用不動産	0	0	0	3500
□保険積立金	100	105	110	115
□マイホーム	4000	4000	4000	4000
□車両	300	280	260	240
□その他	100	100	100	100
資産合計（D） 増減（%）	5110 （0）	5120 （+0.2）	5215 （+1.8）	8395 （+61）
■借金の部				
□住宅ローン	4500	4470	4440	4410
□自動車ローン	220	205	190	175
□リボ払い・分割払い	10	5	0	0
□キャッシング	0	0	0	0
□事業・投資用融資	0	0	0	3000
□その他	0	0	0	0
借金合計（E） 増減（%）	4730 （0）	4680 （−1）	4630 （−1）	7585 （+64）
■純資産				
□純資産（F） 増減（%）	380 （0）	440 （+16）	585 （+33）	810 （+38）

資産（D）−借金（E）＝純資産（F）

そして、資産から借金を引いた額、それが自分自身の「純資産」となるのです。

もし純資産がマイナスになっている場合、早急に家計の体質改善をする必要があります。

会計上は債務超過といって、財務状況がとても悪いことを表します。

毎月しっかり貯金ができている家庭でも、不動産の購入で失敗し、貯蓄額よりも不動産での損失の方が大きければ、マイナスになる可能性が十分あります。

住宅ローンを抱えている人、ローンを組んで自動車を買ったばかりの人などは、この債務超過になっている可能性が高いので、自分の数字に目を背《そむ》けずに、しっかりと把握するようにしましょう。

マイナスになっている場合、改善する方法は2つです。

資産を増やすか、借金を減らすか。

このどちらかの方法で改善することができます。

具体的に資産を増やすこととは、貯蓄をするか、運用などで資産を増やすことです。もしくは、持っている不動産の価値が上がり、借金額は同じでも資産価値が上がる場合もあります。

借金を減らすには、多くの場合、現金を使って返済しますので、現金資産も減ってしまい、実際にはあまり改善されないことも多いと思います。

プラスになっていれば、実際にどのくらいプラスなのかを把握しましょう。

1つの目安として、20代では年収と同じくらいの純資産があればよいでしょう。年収500万円の方であれば500万円の純資産。

30代では年収の2倍、40代では年収の3倍、50代以上は年収の5倍を目安に、純資産を維持できるようにした方がよいでしょう。

この純資産が多ければ多いほど、病気で倒れたときや、リストラなどで仕事がなくなった場合にでも安心して生活していくことができます。

財務諸表を見れば自分を俯瞰できる

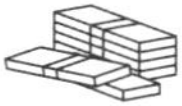

先に家計簿は「お金の地図」というお話を致しましたが、まずはこの貸借対照表と損益計算書の２つの財務諸表で、現在のあなたの家計の財務状況の位置を確認しましょう。

次に将来目標とする貸借対照表と損益計算書を作り、どのようにその目的地まで到達するかを、しっかりと考えましょう。

そのときこの「お金の地図」が、より効果のあるものになっていきます。

私たちは、健康診断をして悪いところが見つかっても、再検査をしないと、本当にどこがどのくらい悪いのか正確にはわかりません。

それと同じように、現在の２つの財務諸表を作ることで、自分の家計の悪いところがより正確に見えてきます。

たとえば、貯金はできているが借金が多いので純資産が少ない、相続した不動産があるので純資産は多いが毎月貯金が減っている、など。この2つの財務諸表を見れば、すぐに悪いところがわかるのです。

でもその後に、どのように改善するかを考え、実行していかないと、お金の生活習慣病が改善されることはありません。過食を減らし、運動をするなどという体によいことをするのと同じように、家計にとってよい改善を行う必要があるのです。

今までの家計簿というのは、損益計算書という「収入と支出」しか見ていなかったので、実際に純資産がいくらあるかまで、考えることはなかったと思います。

経済的に豊かになるということは、いろいろな方法で可能です。

たとえば医師の資格をとり収入を上げたり、資産運用で増やしたり、相続で大きなお金が入ってきたりと、経済的に豊かになるには様々な方法があります。

でも本当に豊かな人は、貸借対照表での純資産が大きな人のことを指します。

医師になり収入が上がったとしても、支出がそれを超していれば豊かとは言えませんし、大きな邸宅を持っていても、借金がそれ以上あれば、やはり豊かとは言えません。

日々の節約をして、目の前のお金を見ることもとても重要なのですが、もっと長期的に立体的に把握するためには、貸借対照表を作り、必要以上に大きな豪邸や、価値のない別荘など、資産の無駄を省《はぶ》いていくことも、とても重要なことなのです。

この2つの財務諸表を常に把握し、大きな視点で自分自身の家計の健康状態を俯瞰するようにしましょう。

家計の資産負債バランス評価

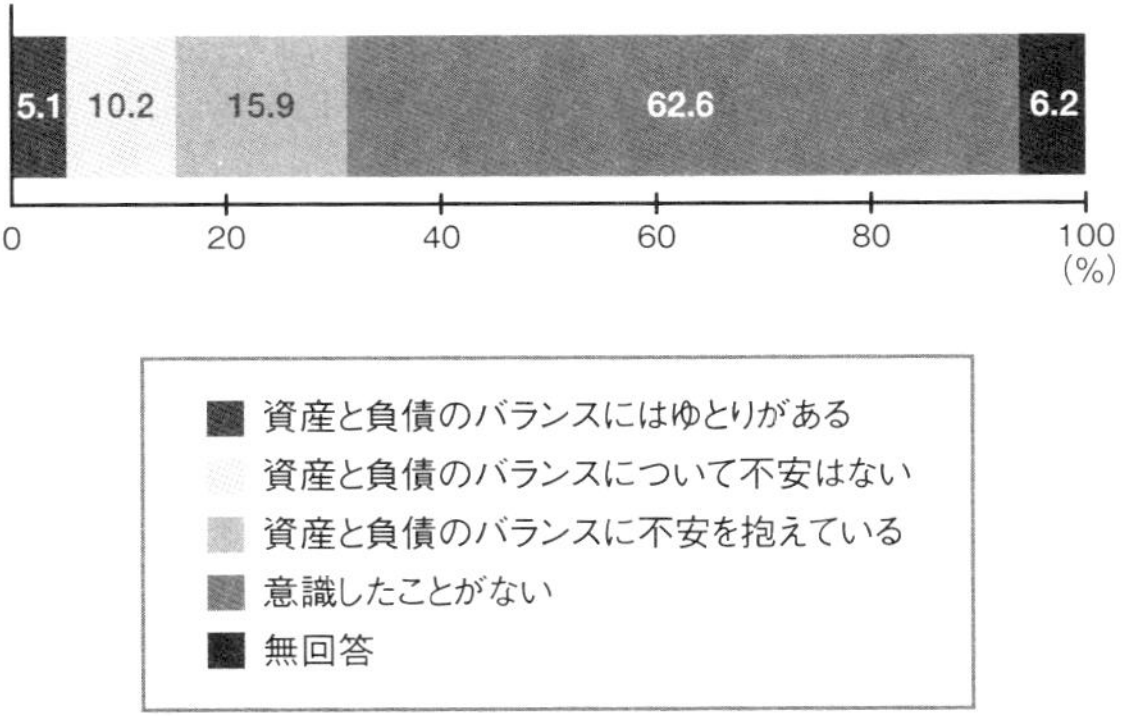

出所：金融広報中央委員会「家計の金融行動に関する世論調査」（二人以上世帯）2007年

第4章

お金の稼ぎ方

稼ぎ力を高めるということ

　キャリアアップや仕事術などを学ぶことは、収入を高めることにつながり、お金の教養の1つである「お金を稼ぐ力」をつけることになります。

　稼ぎ力を高めることについては、他に良い書籍がたくさんありますので、この本では詳しく書きませんが、キャリアアップや仕事のスキルを磨くことは、資産運用でお金を増やすよりも比較的簡単に行うことができる収入アップの1つだと思います。


　でも、稼ぎ力を高めるということは、ただ高い給料をもらえる会社に行きたいとか、儲かるビジネスを始める、ということではありません。

　稼ぎ力をつけるためには、ビジネスパーソンとしての勉強、つまり話し方から経済やビジネスセンスまで、ビジネスパーソンとしての総合的な教養を高めていく必要があるのです。

She earns
a good income

第1章で、教育には3つある、とお話ししましたが、1つ目の学問教育、2つ目の職業教育によって得られる収入は、この労働収入によって入ってくる収入になります。

この能力を高めることは、お金の教養を高める能力の1つにもなるのです。

いつでもお金のことを考えるようにしよう

ビジネスでのお金の流れを知ることで、お金を稼ぐ能力はもっと高められます。

なにもビジネスを自分で起こす必要はありません。普段生活をしている中で、ビジネスや経済のことを頭で考える習慣をつけてみましょう。

たとえば、ディナーにお金を払う私たちがいる、ということは、受け取る誰かがいるということです。私たちの払ったお金で生計を立てている人がたくさんいるということは、大きなお金をかけてレストランを作り、そのレストランで儲けを出そうとしている人がいるということです。

たとえば5000万円をかけてレストランを作った人は、5000万円ものお金と引き替えにそのお金がなくなるかもしれないというリスクを負っているので、真剣に仕事をします。

それは、おいしい料理を出すためにレシピの研究をすることだったり、競合店との違いを調べることだったり、サービスを徹底的に良くする努力をすることだったり、利益を高める努力をすることだったりします。

その利益が積み重なって最初の投下資金を回収でき、数年後に初めて「儲け」という利益を手にすることができるのです。

それまでにお店が潰《つぶ》れてしまっては、お金は戻ってきません。銀行からの借り入れがあった場合などには、当然それは借金として残ってしまいます。それを回避するために必死になって努力をするのです。

レストランでの儲けの仕組みを知るためには、まずレストランに行ったら、その店を見回してみましょう。

現在何人くらいのお客さんが入っているでしょうか？

1人当たりの売上げ（客単価）はいくらくらいでしょうか？

そして1日、何人くらい入るのでしょうか？

たとえば、30席あるお店で、20時のディナー時に20人のお客さんがいるとすれば、そのお店の1日の客数は30人程度でしょう。そして1人当たり1万円平均くらいのお店であれば、1日の売上げが30万円くらいだな、と想像ができます。

30万円×30営業日で計算すると、900万円という月間売上げが想定できますよね。

では、出ていくお金はいくらでしょうか？

まずは、その料理の粗利益を考えてみます。

1万円の料理を作るのに、材料費がどれくらいかかっているかを想像するのです。多くの場合、飲食業の直接原価は30～35％と言われています、ほとんどの飲食業がこの範囲に入るので、そのことを知っているだけで粗利益は計算できますね。

次は家賃です。

1坪（3・3平米）あたりの相場がわかって、広さがわかればすぐに試算できます。一般的には売上げの3日分が家賃に相当する、と言われています。このお店の場合では、家賃が90万円程度ということですね。

アルバイトスタッフが10名、シェフが3名いた場合、アルバイトが20万円×10名と、シェフが30万円×3名で、290万円が人件費かな……、と勝手に人の給料まで想像してみるのです。

そうすると、このお店の収益は……、とおおよその計算ができるようになってきます。

これは正しい数字を出すのが目的ではありません。

そもそものお店がどれだけ儲かってるかなんて、わかるはずがありません。

でも、食事をしているときでも、コンビニに行っても、飛行機に乗っても、そういう考えを意識して持つことで、**お金に対する考え方が正しい方向に変わっていき、自分の払うお金の価値を考えるようになるのです。**

こういうお金の流れは、家庭内でも、会社内でも、国の中でも、どこにでもあります。その部分に頭を使うかどうかによって、金銭感覚や経済に対する興味などが大きく異なってきますので、普段からあえてお金のことを考えるように意識してみましょう。

稼ぐノウハウは本から学ぶことができる

She earns a good income

お金の稼ぎ方を学ぶ上で、とても参考になるのが本です。

１冊１５００円程の投資で、たくさんの考え方やノウハウが学べる本を活用することによって、先輩方の仕事術をより早く身につけることができると思います。

私は年間３００冊を超える書籍を読んでいますが、その中で私が気に入っている「稼ぐ力」が身につく本を10冊紹介したいと思います。


本を選ぶポイントとしては、「その分野で実績を上げている人の本を参考にする」ということ。

自分で経験をしていないコンサルタントの話よりも、実際に自分でやってきて実績を出した人から学ぶ方が、より本物の知識が身につきます。

営業を学びたいなら営業で実績のある人の本を読み、経営を学びたいなら成功している経営者の本を読むのが良いと思います。

『ドラッカー365の金言』P・F・ドラッカー著　上田惇生訳（ダイヤモンド社）
ビジネス界に最も影響力を持つとされている米国クレアモント大学院大学教授であったピーター・F・ドラッカー氏の企業経営の考え方を学べる本。

『思考は現実化する』ナポレオン・ヒル著　田中孝顕訳（きこ書房）
仕事を行う上で計画や行動、決断力からモチベーション維持まで、ビジネスパーソンの考え方の基礎となる自己啓発書。

『Den Fujitaの商法　1～4』藤田田著（ワニの新書　ベストセラーズ）
日本マクドナルド創業者の藤田田氏の商売に対する考え方が書かれた本。お金に対してまっすぐな考え方を持ちビジネス界で実績を上げた経営者の本。

『リクルートのDNA』江副浩正著（角川Oneテーマ21新書）

リクルートに共同体意識を創り上げ、独特な企業風土や企業文化を形成したリクルート創業者の経営マインドが書かれた一冊。

『大きなケーキは人にゆずろう』バーバラ・コーコラン著　大野晶子訳（ソニー・マガジンズ）

米国不動産会社コーコラングループ創業者で、ニューヨーク一番の不動産会社にまで育てた経営者が書いた、経営から営業、目標達成の仕方まで。

『金持ち父さんのキャッシュフロー・クワドラント』ロバート・キヨサキ著　白根美保子訳（筑摩書房）

収入の入り方を4つのカテゴリに分けて考え、仕事との関わり方や自分のライフプランを行う上で重要な本。

『「続ける」技術』石田淳著（フォレスト出版）

仕事で成果を出すために重要な継続力を、行動科学マネジメント第一人者の著者から学べる本。

『熱いビジネスチームをつくる4つのタイプ』鈴木義幸著（ディスカヴァー・トゥエンティワン）

仕事を行う上で、様々なタイプの人と上手に付き合うために、著名なコーチからコミュニケーションスキルを学べる本。

『デッドライン仕事術』吉越浩一郎著（祥伝社新書）

仕事のデッドラインを決めることで、残業をせず効率よく仕事を行うためのノウハウが学べる本。

『「仕組み」仕事術』泉正人著（ディスカヴァー・トゥエンティワン）

私の本で恐縮ですが、才能、意志の力、記憶力に頼らず、すべての仕事を仕組み化して、誰が、いつ、何度やっても大きな成果を出すための仕組み化ノウハウの本。

第 5 章

お金の増やし方

お金に働いてもらう

お金の教養には、７つの分類があることをお伝えいたしました。

その中でも、習得するのに比較的時間がかかるのが、このお金の増やし方を身につけるということだと思います。

資産運用や投資などという言葉を聞いただけで拒否してしまう人もいるくらい、今までの生活ではほとんど関係がなかった人も多いのではないでしょうか。

リスクがこわいから、というのが大きな理由でしょうが、ただ、これからの私たちは、この教養を身につけていないと、かえって大きなリスクを抱えてしまうことになります。

資産運用とは、自分のお金に働いてもらい、お金を運んできてもらうことです。

自分が働いている時にお金自身も働いてくれるのが、資産運用です。

今までは、私たち自身が働いてお金を稼いでくれればよい時代でした。高度経済成長時代には労働による収入が年々上がり、資産を運用するよりも、稼ぐ力をアップして仕事をしていった方がより着実に収入アップすることができました。

でもこれからは、違います。

日本銀行の発表している個人の金融資産残高は、２００７年末で１４９０兆円あります。

ゼロの人もいれば、数百億円という人もいるなかでの平均値なので、すべての人が持っている額ではありませんが、１４９０兆円という額は日本のＧＤＰの約３倍にもなる巨大なお金です。

そのお金に働いてもらうとどうなるでしょうか。

たとえば、世界中を見ると、工場や道路を作ったり、街を開発したりするお金が必要な新興国がたくさんあります。そのような様々な国や経済が成長するために必要なお金を日本が投資して、その成長の見返りとして、配当や金利が入ってきたら、どうなるでしょうか。

たとえば、日本国民がもっている金融資産の１５００兆円のお金を働かせて５％の配当金を得たとしたら、75兆円です。これは２００７年の国の税収57兆円を上回る額で、さらに現在日本政府が消費税によって得ている税収約10兆円を遥かに超える額なのです。

政府の財政が破綻すると言って政府を責めるのではなく、自分が持っているお金を運用して、世界中のお金を必要としているところに投資し、その見返りとして得た配当によって、自分自身も、そして日本も豊かになったとしたら、これは素晴らしいことだと思うのです。

政府の財政がよくないことは、何もしない私たちにも責任はあるのです。

そのためにも、今こそお金に働いてもらう方法を学び、その教養を高める時期だと私は感じています。

個人の収入を考えても、お金に働いてもらうことの重要性は高いと思います。

たとえば、一家の大黒柱である父親が、病気で寝込んでしまった場合や、リストラなどで仕事を失った場合には、貯蓄や保険だけでは生活費をまかないきれないこともあります。

そういう場合にも、お金に働いてもらい、資産運用による収入源を確保することで、個人の家計を安定させることができるのです。

ただし、資産運用は必ずお金が入ってくるとは限りません。

株式投資やFX（外国為替証拠金取引）が流行っているからと言って、すぐに乗っては失敗するだけです。

しっかりと経済を学び、世の中のうねりを感じ、リスクを知った上で行う資産運用だけが、私たちの助けになってくれるのです。

では、資産運用は何から行えばよいのでしょうか。

この本では、具体的な投資手法をお伝えするのではなく、お金の大きな流れ、そして経済についてお伝えしていきたいと思います。

投資手法は様々ですので、具体的な手法については、他の書籍等でさらに詳しく知識を得ていただきたいと思っています。

資産運用は「自転車の乗り方」と同じ

How do you plan
to use this money?

資産運用や投資と聞くと、私たちはどうしても、「投資＝リスク」と過剰に反応してしまいます。

でも世の中にはリスクはたくさんあります。給与収入だけしか収入源がないことで病気をしたときに収入が途絶《とだ》えるというリスクもありますし、経済に全く無知なために将来の予測がつかないというリスクもあります。

このように、投資をすることだけがリスクなのではありません。肝心なことは投資のリスクは何かを知り、お金や経済に関する知識や知性を高め、リスクを回避する方法をとることです。

資産運用を私たちがやろうとしても、最初は全くわかりません。

どんな投資信託があるのか、どうやってお金が入って来るのか、株の銘柄はどのように選ぶのかなど、初めてのことばかりですので、何から知ればよいのかすらわからないのが普通だと思います。

でも、経済を学び、どのような投資手法があるかを知り、お金の流れを理解することで、だんだんとわかってきます。

そして一度学んだ知識は、もう頭から離れることはありません。

これは自転車の乗り方と同じだと思います。

私たちは小さい頃、親に支えてもらいながら、自転車の乗り方を覚えました。補助輪をつけ、こぎかたを学び、何度も転びながら乗れるようになりました。自転車を操作する経験が全くなかったので当然のことだと思います。

そして大人になってみると、たとえ10年以上自転車に乗っていなくても、体が自然と自転車の乗り方を覚えているものです。一度覚えた乗り方を体が覚えていて、いつでも自転車に乗ることができるのです。

お金に関しても、同じだと私は思います。

小さい頃から教わることがなかった資産運用についてあなたが全く知らないのは当然のことで、学んで経験をし、体が覚えてしまうと、あとは無意識のうちに上手に資産を運用できるようになるのです。

本当のリスクはどこにある？

資産運用や投資についての本当のリスクについて考えたことはありますでしょうか？

投資においてのリスク、それは、株でも不動産でも、世界情勢でも景気でもありません。

その本質は、投資をする本人、つまり自分自身にあると私は思います。

投資が危険だと言いますが、それはお金を投資するスキルがないのが原因であって、そのスキルがある人にとっては、投資は危険な行為ではありません。

たとえば、私たちが時速２００㎞で車を運転することは、命を落とす可能性が高い、とても危険な行為です。しかし、Ｆ１レーサーは、レースで３００㎞以上を出していますがプロとしての技術があるので、それほど危険な行為とは言えません。

車を200㎞で運転するスキルや経験がない人が危険なのであって、それをコントロールできる人、そしてトラブルがあったときに正しく対処できる人にとっては危険な行為ではないのです。

投資についても、基本的には同じだと思います。

お金を運用するスキルのない人がリスクなのであって、投資自体がリスクなのではないのです。

もう1つわかりやすい例があります。

ウォーレン・バフェットという、2007年に世界一の資産家となったアメリカの著名な株式投資家がいます。

このバフェット氏が行う株式投資と、ギャンブル好きの人が行う株式投資は、どちらがリスクがあると思うでしょうか？

行っていることは、全く同じ株式投資です。

でもギャンブル好きの人が行う株式投資は、投資ではなくギャンブル（＝投機）になるでしょう。

一方で、バフェット氏が行う株式投資は、しっかりとその会社や市場のことを調べ、経営者を知り、投資を行うので、堅実な資産運用となるのです。


リスクについてもう少し考えてみたいと思います。

資産運用や投資というと、「金儲けしたい、お金に汚い人がやること」といったイメージがあるかもしれません。お金とは汗水垂らして手に入れるから美しいのであって、汗もかかずに手に入れたお金なんて汚い、という考え方です。

もちろん、社会のために汗を流して働くことの価値は、いつの時代も変わりません。

しかし、これからの時代は、「投資をするリスク」よりも「投資をしないリスク」のほうが圧倒的に大きくなる時代です。お金の働かせ方を知っておいた方がよいと私は思います。


投資をせずお金に働かせないということは、収入源が給与などの労働収入のみに絞られることを意味します。

ちょうど、崖の上から１本のロープにぶら下がっているような状態です。収入が多い人は、それだけロープも太い。

このとき、もしも会社が倒産したり、リストラされてしまったらどうなるでしょうか？

１本しかないロープが切れたら、もう真っ逆さまに落ちるしかありません。これはロープ（収入）が太くても、細くても同じことです。

しかし、ここに投資という「もうひとつの収入源」をつくっておけば、それが命綱となってくれます。

「貯金こそが命綱だ」という意見もあるでしょう。

ですが、たとえば60歳で定年退職となったとして、残りの人生は貯金を食いつぶしながら年金暮らしをしていくというのは、かなり恐ろしい話だと思います。

まず、自分が80歳まで生きるのか１００歳まで生きるのか、まるで想像がつきません。たとえば、厚生労働省が発表している「完全生命表（平成17年）」によると、60歳男性の平均余命は22・09年となっており、60歳を超えた男性は平均82歳まで、つまり22年間も生きることになります。現在20代から30代くらいの人は、医療の進歩もあって１００歳くらいまで生きるのかもしれません。

また、財団法人生命保険文化センターの調査によると、老後に夫婦２人が暮らしていくのに最低限必要な生活費は１ヵ月23・２万円で年間２７８万円。ゆとりある生活のために必要な生活費は１ヵ月38・３万円で年間４６０万円という調査結果が出ています（２００７年度「生活保障に関する調査」）。

ゆとりある老後を過ごしたいなら年間４６０万円必要ですが、収入を年金だけに頼っていると、厚生年金の平均受給額である年額２０２万円との差額分２５８万円が毎年出て行ってしまう計算になります。

平均余命のとおり82歳まで生きた場合、必要なお金は「×22年」で５６７６万円です。

１００歳だと「×40年」で1億３２０万円です。

年金支給額が年々減ってきたり、医療費負担増などもあり、ゆとりある老後のためには実際にはもっと必要になってくるでしょう。

貯金と年金だけで暮らすなら1億円必要になるというのも、決して大げさな数字ではないのです。

こうして数字にして考えてみると、１億円の貯蓄ができないなら「お金を働かせないリスク」がいかに大きなものであるか理解していただけると思います。

投資する前に経済について学ぼう

資産運用について学ぼうと思ったら、まずは経済そのものについて理解を深めておく必要があります。

おそらく経済や経済学というと、「専門的で難しい」とか「数字やカタカナが多くて敷居が高い」といったイメージがあると思います。かつての私自身がそうでした。そして実際、経済や金融の話をするときにはとても複雑な専門用語がたくさん出てきます。

経済学で学ぶ制度や専門用語の意味を知ることも大切ですが、それ以上に大切なのは**「ひとつの経済の出来事が、他の経済の出来事にどのように影響し、それが私たちの生活にどのような影響を及ぼしているのか」**を知ることです。

たとえば経済に対する知性がついてくると、「円高が進んでいる」というニュースに触れたとき、それがどこにどのような影響を及ぼし、自分の生活がどう変化するのかまで考えが及ぶようになります。

海外旅行が好きな人にとっては、円高は嬉しいニュースに映るでしょう。円高ドル安であるほうが同じ金額の日本円を払って、より多くの外貨を受けとることができるからです。

しかし、世界的な自動車メーカーであるトヨタの場合、わずか1円の円高によって利益が年間350億円減少する構造になっています。

そうやって円高によって輸出産業の経営が圧迫されていくと、今度はその取引先の経営にも影響を及ぼします。

もちろん最終的には、私たちの収入にも影響が出てくることになるでしょう。

いくら海外が好きだからと言って「円高で海外旅行がお得になってラッキー」と喜んでいるだけではだめなのです。

インフレになると お金の価値が 下がる

先にお話しした投資しないリスクですが、これはインフレ（インフレーション）時にも起こってきます。

インフレとは、経済が成長して、物の価格（物価）が上がることを指します。

おそらく、インフレやデフレなどの用語については、テレビで見たり学校で学んだ方も多いと思いますが、それが私たちの生活にどのように影響するかを考えている人はあまり多くはありません。

インフレの原因はさまざまですが、好景気で企業や個人の収入が増えてモノの需要が高まったとき、また石油など原材料の価格が上がったときなどに起こりがちです。また、戦争など政局の混乱でモノ不足に陥ったときや、中央銀行がお金の供給量を増やしすぎたときにも起こります。需要と供給のバランスが崩れ、需要が供給を大きく上回ったとき、モノの価格が上昇するのです。

インフレになった場合、銀行に預けている預金はどのようになるでしょうか。

たとえば、1000万円を銀行に預けていた場合、5000万円だったマイホームの平均価格が1億円になっていたら、貯めていた1000万円が頭金にすらならないかもしれません。

つまり、インフレになるということは、お金の価値が下がり、そのお金で買える物が少なくなってしまう、ということなのです。

このように、物価が上昇するインフレ局面で、私たちの資産も上昇するような資産運用をしておかないと、せっかく貯めた資産価値が減少してしまうことになるのです。

世の中には
お金が流れる
お金の島がある

『マンガと英語でみるみるわかる！儲かる世界経済』（扶桑社ワールド・エコノミー取材班・編　扶桑社）というおもしろい本があります。この本では、世の中のお金の流れを海に、金融商品を海に浮かぶ島にたとえて説明しています。とてもわかりやすいたとえだと思いますので、私なりに解釈を加えて説明してみましょう。

私たちの使っているお金は、世界中を駆け巡り、海の水のように流れています。物を作るために材料を買ったり、その作られた品物を買ったりして、人から人へ、あるいは企業から企業へお金は流れていくのです。

お金の海には、「株」「債券」「不動産」「商品」「為替」という5つの島（市場）があり、「株」「債券」「不動産」「商品」の4つの島は、それぞれの国に属しています。国と国を行き来する為には、「為替」の島を通らなければならないルールになっています。

その5つの島の天候は日々変化しています。ある島は暖かい気候に恵まれ、多くの作物が実っています。そういう島はお金が多く流れ着き、景気が良くなっていきます。一方で、寒さや暴風雨ばかりの悪天候の島もあります。そういう島からはどんどんお金が逃げていき、景気も悪くなり、島の価値もどんどん下がっていくのです。

世界中のお金は、天気の良い島を探して、それぞれの島を航海しています。

たとえば、株価が上がっているということは、世界中のお金が、株の島が天気が良くなると思って、みんなそこに集まってくるからです。

一方で、下がっているということは、今後天気が悪くなるとみんなが思っているから、お金が流れ出ていき、価値が下がっていくのです。

将来の島の天気をぴたりと当てることは難しいのですが、知識や経験、そして教養を高めることによって、ある程度予測をすることはできるようになっていきます。

資産運用と聞くと、とても難しく感じてしまいますが、この大きな5つの島を知り、世界中のお金がどこの島にたどり着いているかを先に探すことができれば、資産は増えていくのです。

資産運用とはシンプルに言うと、将来の島の天気を予測し、天気の良い「お金の島」を探し巡ることなのです。

では、具体的に5つの島には、どのような金融商品があるのかを見てみましょう。

私たちが金融商品と聞いて、すぐに思いつくのが、投資信託や株だと思いますが、代表的なものを挙げると、次のようなものがあります。

(1)「株」の島……株式、投資信託など
(2)「債券」の島……国債、地方債など
(3)「不動産」の島……土地、建物など
(4)「商品」の島……金、大豆など
(5)「為替」の島……円、ドルなど

お金が流れる5つの島とは？

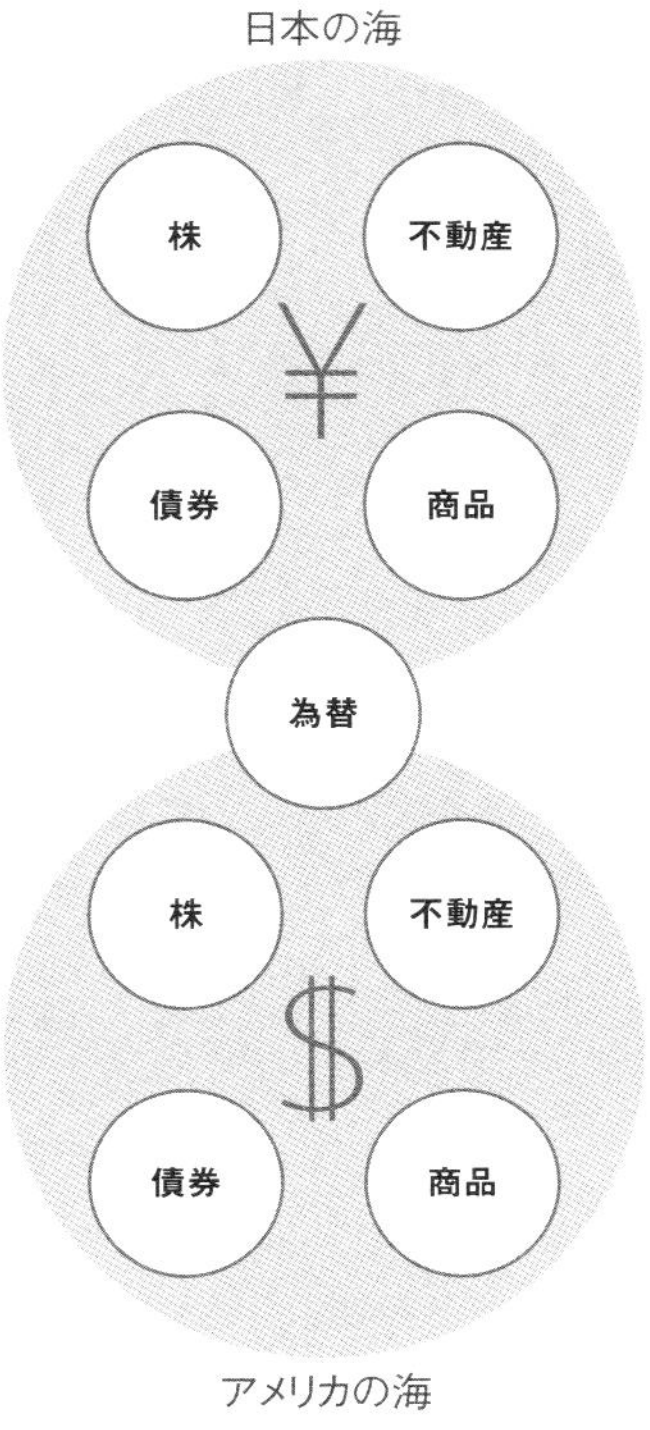

お金の海には「株」「不動産」「債券」「商品」「為替」という5つの島が国ごとに浮かんでいる

5つの島の金融商品の特徴は何か

もう少し、それぞれの商品の概要について見ていきましょう。

①会社の所有者の1人になる「株」

まずは「株」。これは会社に投資する商品です。「この企業がこれから成長しそうだな」と思ったら、その会社が発行している株券を買うのが株式投資です。

株券を買うということは、その会社の所有者（オーナー）の1人になることで、会社の利益が出たら、その利益の分け前を配当という形でもらいます。また、株券自体の価値が上がったり下がったりするので、株価が上がれば得をしますし、下がれば損をします。

お金を貸すわけではないので、投資したお金（元本）の保証はありません。

なお、投資信託はいろいろな株をみんなで買う仕組みなので、株の島に入ります。

基本的に、会社の業績がよくなれば株価は上がりますが、株という島そのものの天気が悪いときには、会社の業績に関係なく下がったりもしますので、世界中の経済の動きを見ることも大切です。また、株の島は天候の変化が激しい（株価が変動しやすい）のが特徴です。

なお、日本国内の株の島の市場規模は、577兆円（2007年1月）となっています。

②お金を貸して利息を受け取る「債券」

「債券」は株とは違い、他人にお金を貸して金利を得る商品。わかりやすく言えば借用書のようなものです。

代表的なのは国が発行する借用書である「国債」で、私たちのお金を貸してあげる代わりに、毎年決まった利息を受け取ることができます。

株と違って期日まで持っていれば、基本的に元本割れすることがないので安全性が高い商品です。そのため、世界経済が悪天候になっている時には、多くのお金が債券に流れてくる傾向にあります。

日本国内での債券の島の市場規模は大きく、836兆円（2007年1月）となっています。このうち約8割が国債で占められており、国債の市場規模が大きいということは、それだけ国の借金が大きいということでもあります。

③土地や建物を売買する「不動産」

「不動産」取引が扱う対象は土地や建物です。

不動産で資産運用するには2つのパターンがあります。1つは、土地や建物を買って、値上がりした時に売ることで値上がり益を得るパターン。もう1つは、自分の持っている家を他人に貸して（大家さんになって）家賃収入を得るパターンです。

バブル期には土地の売買を頻繁に行って利益を出すやり方が中心でした。土地は経済の発展とともに値上がりする傾向にあり、安く買って高く売れば莫大な利益を得ることができますが、土地の価格が上がるかどうかを予測するのは難しくなってきています。

そこで最近では、コツコツと家賃収入で儲けるやり方も注目されてきています。

④石油などの商品に投資する「商品取引」

ここでの商品とは、金やプラチナ、鉄や銅などという金属、大豆やコーヒーやトウモロコシなどの食料、さらに石油やゴムなどの原材料まで、さまざまなモノを売買する「商品取引」のことを言います。

これらの商品を取引する場合、基本的には商品の将来の価格を予想する「先物取引」が主となります。最近では株と同様に、インターネットで簡単に売買できるようになりました。

自然環境などの影響を受けやすく、予測も難しくて、値段の乱高下が激しく、また、自己資金の何十倍もの運用ができるため、「危険」というイメージがありますが、知識を持って上手に活用すれば、有利な運用手段となります。

⑤他の国の島へ行く時に必要な「為替」

最後が「為替」です。他国の島の商品を買うには、日本のお金を他国のお金に両替しなければなりません。

その時に、円が人気があれば円高になり、人気が落ちれば円安となり、通貨の交換比は日々変動し、これを利用して利益を出そうとするのが為替取引です。

たとえば、1ドル100円の円高時に100万円分のドルを買うと、1万ドルが手に入ります。そして1ドル120円になった時にドルを手放せば、120万円手に入ります。つまり、100万円だった元手が120万円に膨らんだということです。

このほか、外貨預金やFX（外国為替証拠金取引）など、為替取引そのものを目的とする商品がたくさん存在し、低い金利の通貨で高い金利の通貨を買って、金利差の分だけ利息を受け取るという方法もあります。

4つのステージで投資を考えよう

How do you plan to use this money?

それでは、「株」「債券」「不動産」「商品」「為替」という5つのうち、どこに投資していけばいいのでしょうか？

具体的な投資手法については、様々な本や勉強会などで学ぶことができますが、私たちはまずどこに投資すればいいのかと悩んでしまいます。

実はこの答えは、タイミングによっても異なり、さらには人によっても異なるものです。

世界中の経済の天候は日々刻々と変化しています。今日は株の島の天気が良くても、来月はわかりません。

不動産などは動きが比較的ゆっくりしているのですが、今日、不動産の天気が良くても、来年に天気がよいかどうかはわかりません。

そこで、資産運用をする際には、４つのステージに分けて考える必要があります。まずは自分がどのステージに立っているかを知り、そのステージにあった運用をすると、リスクを減らした運用ができるようになるのです。

（ステージ１）まずは自分に投資をする

お金や投資、さらには経済にいたるまで、全く無知の人が資産運用をすることほど、リスクの高いものはありません。先に出たＦ１レーサーの話でもおわかりいただけるように、運転免許を取る資格すらない少年が、高速道路で２００㎞の速度で走ろうとしているようなものです。

車の運転でも自動車教習所に通うように、**将来の自分を支えるお金を扱うためのスキルを身につけるためには、まずはお金のコントロール方法を学ぶ必要があります。**

車の運転なら、急に一般道路に出て走るのは誰でも怖いです。でも車の運転なら怖がる人でも、資産運用では教習所にも通わずいきなり投資の世界に飛び込む人が多いのです。

まずは、お金と向き合い、お金を正しく扱えるようになり、そして経済の知識もつけ、お金の教養を高めた後にはじめて資産運用をすることで、投資によるリスクが減っていくのです。

（ステージ2） 得意分野を見つける

野球の上手なイチロー選手が、サッカーの世界でプロにはなれないように、資産運用の世界でも自分の得意な分野を探す必要があります。

仕事の世界でも、営業は向いているが、経理は向いていないなど、私たち自身の得意な分野、不得意な分野というものが必ずあります。

例えば株式投資が良いといって株を買ってみたものの、日々の値動きが気になって夜も眠れないような人は株式投資には向いていないでしょうし、世界経済が全くわからない人がドルなどの外貨を買って為替取引をやっても、決してうまくいかないでしょう。

でもいきなり自分には何が向いているかなどは、見当もつかないと思います。

そこである程度の知識を得たら、まずは自分のお金をほんの少しでも、実際に運用してみましょう。

1万円で買える投資信託を買ってもいいですし、5万円で会社の株を買ってもいいでしょう。10万円で為替取引（FX）をやってみて世界経済を実際に肌で感じてみることもいいと思います。

どんなに小さい額でも、自分のお金を実際にリスクにさらすことで、経済にも興味を持ちますし、お金の流れや世界の天気について真剣に考えるようになります。

そして新聞を読んだり、さらに勉強したりと、より知識が身についていくものです。

まずは小さく始めてみて、その中で、自分に向いている投資方法を探し出していくとよいと思います。

（ステージ3） 得意なところに集中投資をしよう

生まれつき多額の資産を持っている人ではなく、何もないところから将来安心できる資産を築きたいと思っている私たちは、得意な分野を探して、そこに集中投資することで、資産をより増やすことができます。

たとえば、ステージ2でいろいろな投資を試してみて、株が好きで得意だということがわかれば、株に集中投資することを決めます。そして株の中でも食品に関する知識があり、好きならば、食品セクター（部門）に集中すると決めます。

こうやって自分の得意分野を狭めていけば、それだけ「狭く、深く」勉強することが可能になります。業界の人間でも知らないような専門知識もたくさん身につくでしょうし、専門家になればなるほど、1つの情報から正確な判断もできるようになります。

よく「集中投資はリスクが大きすぎる」という話を聞きますが、それはしっかりと勉強をせずに、知らない分野に集中投資をした場合の話です。

世界一の資産家であるウォーレン・バフェット氏は、「分散投資は自分が何をやっているかわかっていない人のためのもの」と言っていますが、知識のない分野に分散投資するよりも、自分の得意分野を探して、その分野では誰にも負けないという知識を持つ方が、リスクが小さくなるのです。

（ステージ4）資産を分散しよう

資産運用によってある程度資産が増えてきたら、今度は1つの分野だけに投資していることのリスクが高まってきます。

元々100万円で集中投資を始めた場合、借入や信用取引をしなければ、失うお金は最大100万円です。

最大のリスク100万円に対して、得意な分野で資産を増やした場合のリターンの可能性は無限大です。1000万円になるかもしれませんし、1億円になるかもしれません。

私たちが将来必要とする額の資産を持つようになってきたら、集中投資をし続けるのはリスクが高まります。

得意分野において資産が増える可能性もありますが、一方でせっかく増えた資産がなくなる可能性もあるのです。

100万円で集中投資しても、最大でなくなるお金は100万円ですのでやり直しはききますが、1億円を集中投資すれば1億円を失うことにもなりかねません。

そこまでのリスクを背負って資産を増やそうという方以外は、ある程度増えたら、その時点で資産を分散させた方がいいでしょう。

得意な分野には半分の資産を残し運用しながら、もう1つの得意分野を探すのです。

またステージ1からのスタートとなりますが、株の別のセクターを探してもいいですし、不動産の島を見てみるのもいいかもしれません。

もうその頃には、経済や金融の知識もついてきていて、たくさんのことを短時間で吸収できるようになっているので、早くステージを上がっていくことができると思います。

この４つのステージで、自分自身がどこにいるかを見極め、そこにあった資産運用方法を見つけてみましょう。

運用するお金がない場合には

How do you plan to use this money?

以前の私には、資産運用をしようと思っても、運用するお金がありませんでした。

運用するお金がなければ、当然資産運用はできないのですが、そこであきらめてはいけません。

私の場合は、今はお金がないけれど、将来お金ができたときから資産運用を始めるのでは遅すぎる、と感じ、まずは時間を投資しようと考えました。

そして、図書館で毎月数十冊の本を読み、お金の教養を高める勉強をするように心がけました。

テレビを見る時間を、本を読む時間に変える。

お酒を飲む時間を、専門家から話を聞く食事に変える。

たったこれだけのことを行うだけで、お金の投資はまだできないけれども、**時間の投資はできるのです。**

世の中のうねりを読むのも教養の一つ

もう1つ、お金がなくても身につけられるものがあります。

それは、世の中のうねりを感じる力、つまりタイミングを読む力です。

テレビを見ていても、今どのようなものが流行っているか常にアンテナを張り、最近流行の雑誌を読んだり、街を歩いていても勢いのある場所はどこか、人気のある店はどこか、など肌で感じとります。

さらには、新聞を読み経済指標等を見ることで、世の中がインフレに向かっているのか、デフレになるのかなど、多くの人が将来どうなると思っているのかを感じ取ることができるのです。

このうねり、つまりタイミングは、投資をする上でとても重要です。

私たちは、株が雑誌やテレビでたくさん話題になっていると、株を買いたくなります。

そして不動産が上がっているというニュースを何度も見ていると、「私も早く買わなくっちゃ」と焦ってしまいます。

周りの情報に流され、上がりに上がった時に投資をしていては、いつも損をしてしまうのが投資です。

著名な投資家ジム・ロジャーズ氏は、「見向きもされないことに目を向けなさい」と言っています。

着実に資産を増やし続けているジム・ロジャーズ氏は、みんなが「そのマーケットは危ない」という時期や誰も見向きもしない時期に、投資をしているのです。

たとえば株式相場が下がっているからといって目を背《そむ》けるのではなく、相場が下がっている時にでも、学びに時間をかけることでしっかりとリターンを得られるのです。

最もリターンの高い投資とは何か？

How do you plan
to use this money?

私は、株や債券、あるいは不動産よりも、ずっと大切な投資先があると思っています。

それは自分の脳への投資、つまり自己投資です。

自己投資の素晴らしいところは、徹底した**「ローリスク・ハイリターン型の投資」**である点だと思います。

リスクは書籍代や使った時間だけで、限定されています。

一方でリターンに関しては、無限大になるのです。

株や不動産などでリターンを得る場合には、世界一の資産家で著名な投資家であるウォーレン・バフェット氏ですら37年間の運用成績は、平均すると年間22％です。

これが、自己投資になると、たった数万円の投資が、数百倍や数千倍になることも珍しくありません。

第2章の、「お金の貯め方」の章にも書かせて頂きましたが、自己投資を収入の20%確保すると、大きなリターンとして戻ってきて、費用対効果のもっとも高い投資となると思います。

もっとお金について考える機会を

How do you plan to use this money?

日本銀行の調べによると、個人の金融資産残高は２００７年で１４９０兆円あります。

その１５００兆円の金融資産が、どのように使われているのか、ご存知ですか。

なんと日本人が投資（債券、投資信託、株式等）で運用しているお金は、金融資産のうちわずか14％に過ぎません。

米国が56％、フランスが40％、ドイツが37％となっているのに比べると、いかに低い数字であるかが理解できます（日本銀行「資金循環統計の国際比較」２００３年）。

最近になって、ようやく国も「貯蓄から投資へ」という流れをつくろうとしていますが、まだまだ投資に対する警戒心は根強いものがあります。

日本には昔から「お金」について教育する習慣がありませんし、そうした場所もありませんでした。むしろお金を汚いものであるかのように教える風潮もあるくらいなのです。

そこで困るのは、社会人になってからの私たち自身です。

会社に勤めると税金や年金、健康保険などが天引きされたお金が、給料として振込まれます。税金の計算はすべて会社がやってくれるので、確定申告をする必要もありません。

そのため、自分が年間どのくらいの所得税や住民税を納めているのか、年金や健康保険は年間いくらくらいなのか、よくわかっていない人も多いと思います。

これは楽で便利である反面、お金について考える機会を奪われてしまっているのと同じです。

最近、日本銀行を中心に運営されている「金融広報中央委員会」では、小中高校の教員向けに、お金の教育の指導書をつくっています。「お金の教育」を正しく受けて育った子どもたちが社会に出たときには、おそらく、正しくお金を使うことができるようになるのでしょう。

しかし、問題は私たち大人です。

私たちはお金の教育を受けることなく育ち、お金について誤った先入観を持ってしまっています。今でも貯金以外に何をすればいいのか教わることはないですし、働いてもお金が貯まらず、将来の不安ばかり膨らんでしまっています。

私たち大人がまずやるべきことは、「お金の教養」を身につけることです。

あの株がいいとか、外国為替証拠金取引（FX）がいいとか、小手先のテクニックの話ではなく、私たち自身がもっとお金についての本質的な教養を身につけることこそが、これからの時代を生き抜く上で大切なことなのです。

第6章

お金の維持管理

The management of money

なぜ「お金の維持管理」が大切なのか？

第1章にも書かせて頂きましたが、宝くじで3億円当たったり、何億ものお金を親から相続した人が数年で破綻した、というのはよく聞く話です。

なぜ、何億ものお金を手にしながら破綻してしまうのでしょうか？

目の前に扱ったことのない大金を手にした場合、多くの人は金銭感覚が狂ってしまいます。そして、お金があるということを理由に、必要でもない大きな買い物をしたり、無駄遣いをしたり、架空の投資話にだまされたり……。

ではなぜ、こういうことが起こるのでしょうか？

最大の原因は、キャリアアップや起業でお金を稼ぐことや、資産運用で増やすことには注目するけれども、**「お金の維持管理」に関する教養を持ち合わせていなかった**ことにあるのだと私は思います。

サッカーを例に考えてみましょう。

お金を稼ぐことは、サッカーで得点することに似ています。点を取ることは楽しいですし、点を取らないことには試合には勝てません。攻めることが得意なフォワードをそろえて、得点力を向上させることがチーム強化のポイントになります。

しかし、たとえフォワードが5点取っても、守りのディフェンスが崩壊して10点取られたら負けてしまうのがサッカーです。そのため、強いチームは必ず強力なディフェンス陣がそろっています。

お金を稼いだり増やしたりするフォワードばかりに目を向けているけれども、その増えたお金を守り続けるというディフェンスに目を向けていないことが、破綻する原因なのではないでしょうか。

お金の考え方、貯め方、使い方、増やし方などの教養が高まったとしても、お金の維持管理ができなければ、せっかく増えたお金を持ち続けることはできません。

大きなお金を扱うようになってからでも、小さなお金の管理方法である、「投資」「消費」「浪費」のどれに当てはまるかを考えながらお金を使い、「お金の地図」である財務諸表で経済状況をしっかりと管理し続けることが重要なのです。

収入には
フロー収入と
ストック収入がある

The management
of money

お金の維持管理をしていく上で、とても重要な、収入に対する考え方があります。
それは、お金の入り方には2種類あるということです。
フロー収入とストック収入です。

聞き慣れない言葉ですが、わかりやすく言いますと、次のようになります。

フロー収入　＝　毎月働いて、毎月入ってくる収入
ストック収入　＝　労働に関係なく、資産から入ってくる収入

私たちが、学校で学んできた学問教育と職業教育は、フロー収入を高めるための教育でした。読み書き能力を上げ、専門性を高めて、プロになることで高収入になるということです。

そのフロー収入には、メリットとデメリットがあります。

メリットとしては、働けば確実に収入が入ってきて、決してマイナスになることはない、ということです。

会社で働いて給与がマイナスということは、ありえませんよね。

デメリットとしては、自分が働かなくては収入が途絶えてしまう、ということです。

病気になったり、会社を辞めたり、働かなくなった時点で、収入はピタリと止まってしまいます。

まずフロー収入を増やそう

このフロー収入は、手元のお金を増やすためにはとても重要な役割をします。年間数百万円を資産運用で増やそうと思っても、そう簡単なことではありませんが、今までの仕事の経験がある人にとって、労働によって数百万円のフロー収入（労働収入）を得るのは簡単なことだと思います。

ただし、ずっとフロー収入に頼っていると、崖から1本のロープでぶら下がっている状態が続いてしまいます。保険と似たような意味で、別な収入源を作っておくことが、何かあったときの助けになってくれるのです。

そこでまず私たちが行うことは、学校で学んできた知識と経験を生かしてフロー収入を高める。

そしてその高まったフロー収入を消費等の支出に回す前に、ストック収入をもたらせる資産に迂回させるという流れを作ることです。

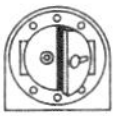

The management of money

お 金 を 迂 回 さ せ る 考 え 方

直接買う

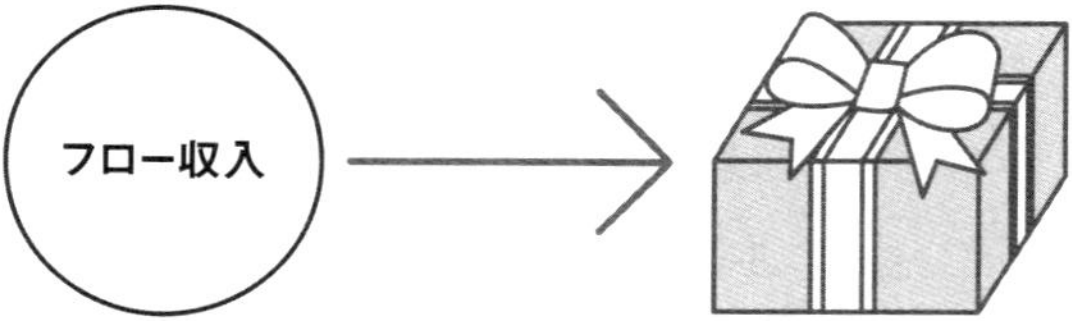

迂回させると…

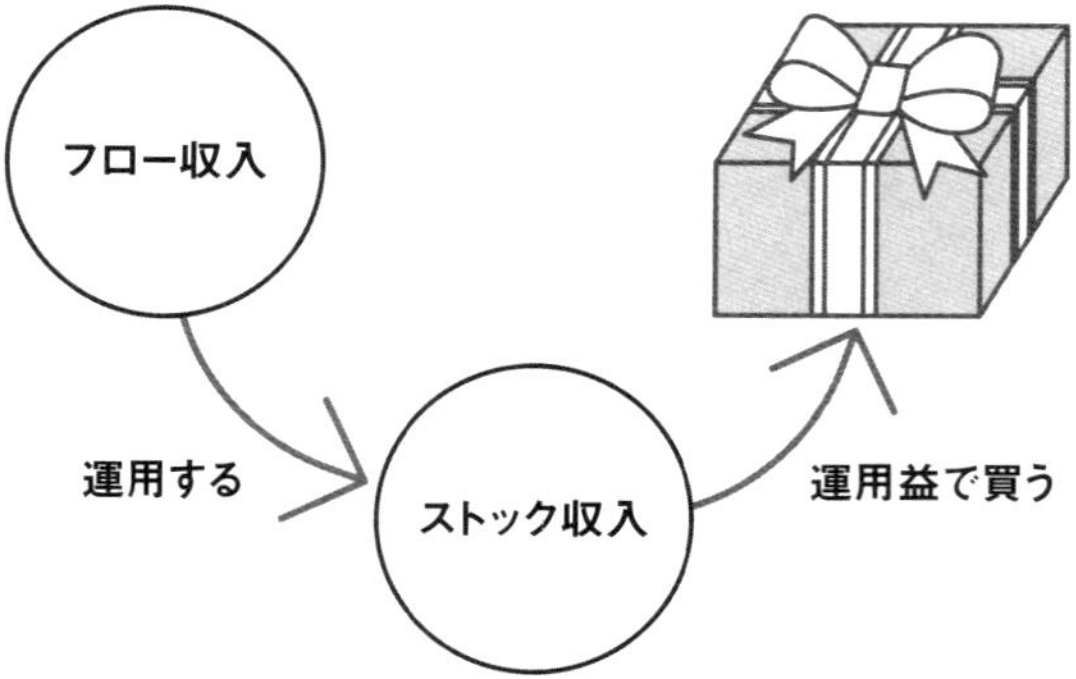

次にストック収入を作ろう

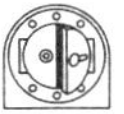

このお金を迂回させる考え方を持つと、2つの物を手に入れられます。
たとえば、ブランドバッグが欲しいとき、手元にあるお金を使って、バッグを買うと、手元にあるお金はなくなり、お金はバッグに変わります。
でも一度、お金を資産に迂回させ、資産からの収入（収益）でバッグを買えば、バッグと資産の両方を手に入れられるのです。

まず欲しい物が見つかったら、そのお金を運んできてくれる資産を買い、その資産に欲しい物を買ってもらうような流れを作りましょう。
このように考え方を変えることで、無駄遣いのやめられない人でも、無理なくお金を維持管理できるようになるのです。

いつの間にかお金がなくなる簡単な理由

どうやっても貯金できず、お金が貯まらないという人は多いと思います。

特に最近は手軽にキャッシングできるようになったため、多額の借金を抱えている人も大勢います。

「どうしてお金が貯まらないんだろう？」

「どうして借金なんか背負ってしまったんだろう？」

と思っていても、知らず知らずのうちにお金を使っている人もいると思います。


もちろん、ここには理由があります。

お金が貯まらない人、そして借金が増えていく人の理由は、簡単です。

それは、基本的に「収入以上のお金」を使っていることです。

入ってくるお金（収入）より、出ていくお金（支出）のほうが多くなっているのです。

1万円入ってきたら、そっくりそのまま1万円使ってしまう。あるいは、借金してでも2万円使ってしまう。これでは、お金が増えるはずもありません。

一番簡単にお金を維持する力をつけるには、まずは「収入以上のお金を使わない」というルールを徹底させることです。

もっとも、「収入以上のお金を使わない」というのは、私がここで改めて説明するまでもないくらい常識的な話なのかもしれません。

しかし、これを知識として知っていることと、自ら実践できることとはまったく違います。

「収入以上のお金を使わない」という単純明快なルールひとつでも、それを自分で実践できるようになったとき、ようやく血の通った「教養」になります。

知識だけを仕入れて「わかったつもり」にならないよう、気をつけましょう。

お金を増やすステップ

STEP 6
お金を正しく維持管理する

↑

STEP 5
運用でお金に働いてもらう

↑

STEP 4
収入を増やす（キャリアステップなど）

↑

STEP 3
収入の2割を自己投資にあてる

↑

STEP 2
収入の2割を貯金する

↑

STEP 1
収入以上のお金を使わない

借金の返し方でお金の維持管理能力がわかる

The management of money

お金を維持管理する能力は、「借金の返し方」にも表れます。
例えば現在、次の３つの借金があるとします。

・住宅ローン　３０００万円
・自動車ローン　１００万円
・クレジットカードのキャッシングローン　30万円

そしてボーナスが１００万円入ってきました。ボーナス払いにしている買い物もなく、どこに使ってもいい自由なお金です。

さて、あなたは次の３つのうち、どれを選択しますか？

(1)住宅ローンの返済の一部に充《あ》てる
(2)自動車ローンを全額返済して終わらせる
(3)キャッシングローンを全額返済して、残り70万円を自動車ローンの返済に回す

ここで注目すべきは、それぞれの金額ではなく「金利」です。

おそらく住宅ローンの金利は3%、自動車ローンの金利は5%、キャッシングローンの金利は15%くらいだと思います。

この場合、**まず金利の一番高いキャッシングローンを全額返済するのがもっとも賢い選択となります。**

「クレジットカードの借金は、たったの30万円だ。いつでも返せるじゃないか」

そう考えるのは間違いです。

15%という高い金利のついた借金を、できるだけ早く返済し、本来払うはずだった15%の金利をなくすことの方が大切です。これは言い換えれば15%の金利分の利益を

あげたようなものなのです。

ところが、実際は(2)の自動車ローンあたりを選択してしまう人が意外と多いのではないでしょうか。ちょうど100万円で全額返済できるという理由から、なんとなくスッキリするような気がしてしまうのです。

借金そのものは悪いものではありません。将来の欲しいものを、金利という手数料を払って、いま手に入れるために使うものだからです。

しかし、返済については自分のお金の健康状態をしっかりと把握した上で、正しい選択をしていく必要があります。

住宅ローンは繰上げ返済をするべきか？

The management of money

２００６年頃、住宅ローンの金利が０・25％上昇したことがありました。

それまで超低金利時代の中で、変動金利１％程の住宅ローンを組んでいたものが、この０・25％という金利の上昇で、１・25％になったのです。

このとき、さあ大変だということで、慌てて手持ちのお金すべてを住宅ローンの繰上げ返済に回すという人が続出しました。

「１％か１・25％か」という目の前の金利だけを見るのではなく、もう少し広い視野で見てみるとどうでしょうか。

過去数十年の金利を見てみると、戦後の金利の平均はおよそ５％程度となっています。バブル時代は８〜９％くらいの金利でした。

つまり、１％の金利も、１・25％の金利でも、まだまだ「超低金利」だということが長期的な視野で見てみるとわかります。

私は、住宅ローンを毎月払いながらもしっかりと貯金ができ、資産運用でのお金の増やし方の知識がある人であれば、住宅ローンの繰上げ返済で得をした0・25％以上で資産を増やすことが可能だと思います。

言い方を換えれば、住宅ローンの繰上げ返済をしてしまい手元にお金がなくなり、資産運用でお金を増やすチャンスを失い、「機会損失」という損を被ってしまったとも考えられるのです。

借金返済の時に、低金利の住宅ローンよりも、高金利のキャッシングローンを優先して返済するように、少しの金利上昇の繰上げ返済と、そのお金を運用することによる利益を比較して有利な方にお金を振り分けることが、お金の維持管理能力を高める方法です。

もちろん、住宅ローンは借金です。

経済評論家やファイナンシャルプランナーの中にも、住宅ローンについて「お金ができたら、早めに繰上げ返済しましょう」とアドバイスする方々は大勢います。それもひとつの正論ではあります。

ただ、せっかくお金の教養を身につけたあなたなら、もう一歩賢いお金の使い道を考えてみると良いと思います。

第７章

お金を与えること

お金は天下の回りもの

Money is always changing hands

寄付やチャリティについて、私たち日本人はあまり考えることがありません。米国などと違い、所得控除になる寄付先が少ないという税制の問題もあるかもしれません。ただ、お金は自分一人で貯め込んでいても、本来のお金の価値を楽しむことはできません。お金を持っているという「安心」は買えるかもしれませんが、物やサービスに交換しても自分や家族だけで満足することしかできません。

世界的に見ても、経済的に恵まれている国に生まれてきた私たちは、普通の生活をしているだけでも贅沢をしていると思います。

資産運用でお金を増やせたのなら、時間的にも精神的にも余裕が出てきていることでしょう。

でもその資産を、自分一人の力で築いた人はいません。

もちろん、あなたが豊かさを得られたのは、あなたの努力と行動の結果であり、お金の教養を高めたからという理由もあるのですが、運や周りの人の協力がなければ達成できなかったことだとも思うのです。

決して一人では達成することのできなかった豊かさを少しでも得られたのであれば、今度は一人でも多くの人にその豊かさを与えられる人間になりたい、と私は思います。

与えるものはお金だけではありません。

お金をチャリティするのも良いですが、あなたが得た知識や経験を人に教えてあげることも、とても貴重なチャリティになるでしょう。

与えれば与えるほど、その人には多くの情報が集まってきます。そして人間としての器が大きくなり、周りに器の大きな良い人たちが集まってくるのです。

これが、お金の教養を超えた、人としての教養のある人間になれる醍醐味だと思います。

おわりに

Idea of money

いまから20年前、「これからは英語を勉強したほうがいい」と言われていました。

そしてほどなく国際化の波が押し寄せ、英語は強力な武器となりました。

10年前には「これからはパソコンができたほうがいい」と言われ、実際にパソコンなしでは仕事にならない時代がやってきました。

そしてこれからは、**「お金の知性」**が必要となる時代となりました。

お金の教育について、とても興味深い記事がありました。毎日新聞社が男性サラリーマンに対して、「子供に対して経済やお金について教える金融教育が必要か？」というアンケートを行ったところ、83％が「必要」と回答。でも「実践している」のは31％だったというのです。教育が必要だと気づいているにもかかわらず、まだ多くの人は行っていないのが現状なのです。

お金は、子供から大人まで誰もが使うものなのに、「お金の使い方マニュアル」を知らないまま、大人になっていきます。

これは、とても怖いことだと思います。

「金融教育を受けられなかった私たちが、お金について真面目に学べる場所を作り、経済的に豊かな人を増やしたい」

そういう想いで、私は２００２年にファイナンシャルアカデミー（www.jfa.ac）という、お金や経済について学ぶ学校を立ち上げました。

若い頃、私もお金について全く無知な一人でした。

それでも今では、お金の正しい使い方を理解し、貯蓄もし、お金の運用をすることもできるようになりました。

そして、手元にあるお金の一部を、毎年、世界規模で地球環境の保護を行うＷＷＦジャパン等を通じて、寄付もできるようになりました。本書の売上げの一部も、発展途上国の子供たちを支援する日本ユニセフ協会とプランジャパンに寄付をします。

世界に視野を向けると、日本の人口と同じくらいである1億2000万人の子供たちが学校に行くことすらできず、私たちが当たり前に受けている教育が受けられないという現状があり、その結果9億人の人たちが文字が読めないのです。お金がないことにより学校を作れず、そして勉強することができない子供たちがたくさんいる世の中で、多少なりともお金の余裕ができた私たちは、そのお金を通じて世界中の人々を助ける活動を行うことで、より豊かな人生を送れると私は信じています。

「お金の使い方マニュアル」を知らなかった誰もが、働いて得たお金を、正しく使い、貯金し、運用で増やし、その一部を寄付を通じて社会に還元する。

こういうことが当たり前にできるようになる社会が来る、私はそう感じています。

小学校からしっかりと勉強した人は良い大学に入れます。

医者になるための勉強をしっかりした人は、30代では良い医者になっています。

人に対して裏切ることなくコミュニケーションをとっている人は、10年後には良い仲間に囲まれています。

お金も一緒です。

今、正しくお金について学び、そして7つの「お金の教養」をバランスよく身につけることで、自分自身の10年後の経済力をコントロールできるようになるのです。

お金とは人生を楽しむための「ツール」にすぎませんが、お金について正しく学び、自分らしいライフスタイルを送るための「お金の知性」「お金の教養」を、一人でも多くの方に身につけて頂きたいと思っています。

そして、もう少し具体的にお金の知性を磨きたいという方のために、私がいままで経験し、学んできた考え方をお伝えしている「お金の教養講座」（www.jfa.ac/kys）に無料でご招待させていただきますので、第一歩を踏み出していただけたら嬉しく思います。

私が学んできたお金の教養を、本書をお読み頂いた方にも身に付けていただければ幸いです。

泉　正人

本作品は小社より二〇〇八年九月に刊行されました。

泉 正人（いずみ・まさと）
日本ファイナンシャルアカデミー株式会社代表取締役社長、金融学習協会理事長。日本初の商標登録サイト「トレードマークストリート」を立ち上げた後、ファイナンシャル教育の必要性を感じ、日本ファイナンシャルアカデミーを設立。現在は、不動産ポータルサイト、カフェなど、5社の経営を行うと同時に、金融学習協会の理事として、文部科学省許可財団法人日本文化振興会 監修・認定の検定「マネーマネジメント」を作り、お金の知性を高めるための普及活動や講演活動も行っている。
また、ベストセラー著者兼ベンチャー経営者仲間と「JBN（在留邦人ビジネスネットワーク）」を発足し、世界各地で活躍する日本人起業家・ビジネスマンを支援するため、ボランティアで世界各国でセミナーなどを開催している。著書に『「仕組み」仕事術』（ディスカヴァー・トゥエンティワン）、『お金の地図』『一生お金に困らない3つの力』（以上、大和書房）、『お金の大事な話』（WAVE出版）、『流される力』（中経出版）などがある。
http://www.financialblog.jp/1013/

だいわ文庫

お金《かね》の教養《きょうよう》

みんなが知らないお金《かね》の「仕《し》組《く》み」

著者 泉《いずみ》 正人《まさと》

二〇一〇年八月一五日第一刷発行

発行者 佐藤 靖
発行所 大和《だいわ》書房
東京都文京区関口一－三三－四 〒一一二－〇〇一四
電話 〇三－三二〇三－四五一一
振替 〇〇一六〇－九－六四二二七

装幀者 鈴木成一デザイン室
本文デザイン 相馬孝江（TYPEFACE）
編集協力 古賀史健
本文印刷 信毎書籍印刷
カバー印刷 山一印刷
製本 小泉製本
プロデュース レバレッジコンサルティング

ISBN978-4-479-30298-8

http://www.daiwashobo.co.jp